车险理赔查勘定损技能

朱德威　彭惠钦　陈国锋　黄永强　主编

北方联合出版传媒（集团）股份有限公司

辽宁科学技术出版社

图书在版编目（CIP）数据

车险理赔查勘定损技能 / 朱德威等主编 . -- 沈阳：
辽宁科学技术出版社，2025.3. -- ISBN 978-7-5591
-4055-5

Ⅰ . F842.63

中国国家版本馆 CIP 数据核字第 2025PS2248 号

出版发行：辽宁科学技术出版社
　　　　　（地址：沈阳市和平区十一纬路 25 号 邮编：110003）
印　刷　者：河南瑞之光印刷股份有限公司
经　销　者：各地新华书店
幅面尺寸：184mm×260mm
印　　张：15.25
字　　数：300 千字
出版时间：2025 年 3 月第 1 版
印刷时间：2025 年 3 月第 1 次印刷
责任编辑：高　鹏　张　永　吕焕亮　艾　丽
封面设计：郭芷夷
版式设计：李　雪
责任校对：黄跃成
书　　号：ISBN 978-7-5591-4055-5
定　　价：128.00 元

联系电话：024-23284373
邮购热线：024-23284626

前　言

在当今汽车高新科技不断应用的时代，科技的飞速发展不仅深刻地改变了我们的生活方式，也对各行各业产生了深远的影响，其中保险行业尤为显著。随着汽车技术的不断革新，从传统的燃油车到新能源汽车，从基础的驾驶辅助到高级别的自动驾驶，每一次技术的飞跃都对保险理赔的专业性和精准度提出了更高的要求。因此，我们深感有必要编写本书，旨在为保险行业的从业人员提供一份全面、系统且紧跟时代步伐的理赔知识指南。

本书的编写源于对保险行业现状的深刻洞察与未来趋势的精准把握。我们深知在保险理赔的各个环节中，无论动力系统、车载供电系统的故障排查或车载通信网络的解析，还是安全辅助系统、转向系统、辅助驾驶系统以及制动系统等复杂技术的理解与应用，都直接关系到理赔的效率与准确性。因此，本书从科技理赔的入门基础出发，逐步深入到各个关键系统的详细解析，力求为读者构建起一个完整的知识框架。

同时，我们也注意到，随着自然灾害频发和车辆使用环境的日益复杂，保险理赔面临的挑战也日益增多，例如事故车、水淹车的处理问题和新能源汽车的定损问题以及对发动机及变速器的专业维修知识掌握不足等，都是当前保险理赔领域亟待解决的问题。为此，本书特别增设了相关章节，通过丰富的案例分享和深入的思考分析，帮助读者掌握应对这些挑战的有效方法。

此外，本书还注重理论与实践的结合，在介绍各系统基础原理的同时，穿插了大量的案例分享和课后训练，旨在通过实际操作和模拟演练，提升读者的专业技能和应对能力。我们相信，这种理论与实践相结合的方式，将能够有助于提升相关人员的综合技能水平，并借此满足保险行业对于高素质、专业化人才的需求。

总之，本书为顺应时代潮流、满足行业需求而编写。我们希望通过这本书的出版，能够为保险行业的从业人员提供一份宝贵的学习参考资料，促进整个行业理赔水平的提升和服务的优化。同时，我们也期待与广大读者共同探讨、共同进步，为推动保险行业的健康发展贡献一份力量。

本书由朱德威、彭惠钦、陈国锋、黄永强主编，参加编写的其他人员还有梁伟业、李志晓、马执平、蔡宇、毛伟波、刘宇恒、杨洋、于洋，在编写过程中，我们参考了大量汽车厂商的文献资料，在此，谨向这些资料信息的原创者们表示由衷的感谢！

囿于编者水平及成书之匆促，书中不足在所难免，还望广大读者朋友及业内专家多多指正。

目　录

第一章 科技理赔入门基础

第一节 车载供电系统

一、供电系统概述

车辆的正常运作高度依赖稳定的供电系统，该系统为传感器传递信号、控制单元运行、执行器工作以及信息通信提供必要的电力支持（图1-1-1）。因此，一套可靠的供电系统是车辆正常工作不可或缺的部分。车辆供电系统的基本特征见表1-1-1。

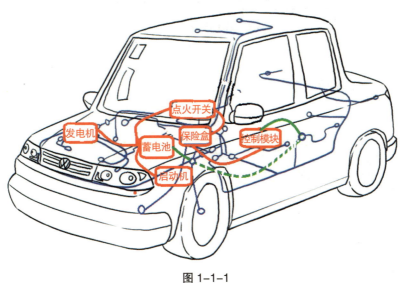

图 1-1-1

表 1-1-1

特征	描述
两个电源	蓄电池与发电机是并联关系；发动机运转时由发电机供电，发动机没运转或者发电机供电不足时，蓄电池协助向用电器供电
低压直流	12V或者24V；电流方向：电源正极（发电机／蓄电池）→点火开关→保险盒→各用电设备→车身搭铁→电源负极
并联单线	所有用电器都是并联关系；除启动系统外，电流都必须经过保险盒才能到达各个用电设备
负极搭铁	控制电路的负极通过车身作为负极，回到蓄电池负极
保险装置	控制电路的供电线路都是经过保险盒再到达各个控制模块的

课堂提问。

（1）在图1-1-2中指出供电系统的5个特征。

（2）请列举出各种用车条件下，发电机和蓄电池是如何供电的？各自电压是多少？

（3）请说出保险盒的作用，有哪些常见故障？

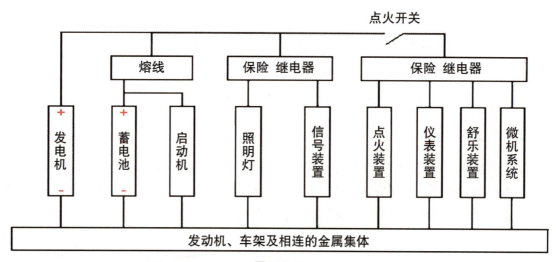

图 1-1-2

二、控制单元电路图释义

电流经过保险盒后到达各个控制系统，又形成各自相对独立的控制回路。

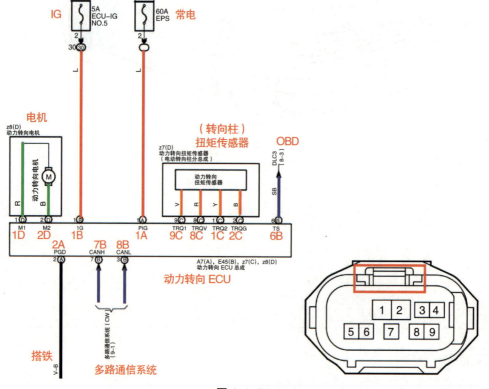

图 1-1-3

（1）电路识别。控制系统的电路都大同小异，由供电线、通信线、ECU、传感器、执行器等组成。图1-1-3为丰田卡罗拉转向控制系统的电路图。

① 主工作组件：ECU（动力图1-1-3中转向ECU）+ 传感器（扭矩）+ 执行器（电机）。

② 供电电路：IG电、常电、搭铁。

③ 通信电路：CANH+CANL。

（2）插头识别。ECU模块上有A、B、C、D四种插头，字母前的数字代表针脚号，如"9C"表示图1-1-3中z7（C）插头的第9号针脚。

（3）针脚识别（以丰田为例）：如图1-1-3所示，插销向上，按从左到右、从上到下的顺序，分别是1～9号针脚，而多数车型会在插头的角位针脚上标上该脚的号码。

（4）课堂提问。

① 图1-1-3中控制单元无通信故障，需要检测哪几个针脚的数据？

② 图1-1-3中电机供电线路故障，需要检测哪几个针脚的数据？

③ 图1-1-3中扭矩传感器故障，需要检测哪几个针脚的数据？

④ 图1-1-3中转向角传感器故障，需要检测哪几个针脚的数据？

三、线束说明

（1）线束的颜色。国际标准化组织（ISO）规定，导线颜色代码采用英文的首字母或前两位字母（表1-1-2）。

表 1-1-2

颜色	B	W	R	G	Y	Br	Bl	Gr	V	O	P	Lg
代码	黑	白	红	绿	黄	棕	蓝	灰	紫	橙	粉	浅绿

我国要求截面积 $\geq 4mm^2$ 的导线采用单色，其他使用双色，双色导线主色规定见表1-1-3。

表 1-1-3

导线主色	应用类型
红	电源系统
白	启动系统、点火系统
蓝	照明系统
灰	电器操作系统及辅助电动机
黑	搭铁线
橙	备用
绿	灯光信号系统
黄	车内照明
棕	仪表、报警指示、喇叭
紫	收音机、点烟器

（2）线束的截面积。低压电路导线的截面积与其允许的电流值见表1-1-4。

表 1-1-4

标称截面积 /mm²	1.0	1.5	2.5	3.0	4.0	6.0	10	13
允许电流值 /A	11	14	20	22	25	35	50	60

导线的截面积适用表见表1-1-5，另外从保险丝的最大熔断电流也可以判断其导线需要的截面积。

表 1-1-5

标称截面积 /mm²	适用电路
0.5	室灯阅读灯、仪表灯、牌照灯、燃油表、尾灯等
0.8	制动灯、停车灯、转向灯、初级点火线圈等
1.0~1.5	喇叭、前照灯等
4.0~6.0	柴油机火花塞电路
6.0~25	电源电路
26~95	启动电路

（3）课堂提问。

① 指出图1-1-4中各导线的颜色。

② 指出图1-1-4中各导线允许的载流值。

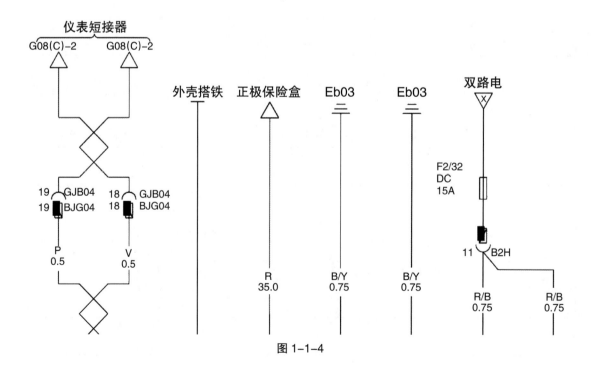

图 1-1-4

四、 电路故障排查

（1）线路故障（图1-1-5～图1-1-7）。

① 正极断路。

② 负极断路。

③ 短路。

（2）信号故障（图1-1-8）。

① 信号不合理（偏高）：信号预期转变为低电平时，实际仍处于高电平。

② 信号不合理（偏低）：信号预期转变为高电平时，实际仍处于低电平。

（3）超出阈值。超出电路正常工作的规定范围值，例如：故障码，C1601蓄电池电源。

① 供给EPS的电压>17.5V或者<9V。

② 持续时间5s。

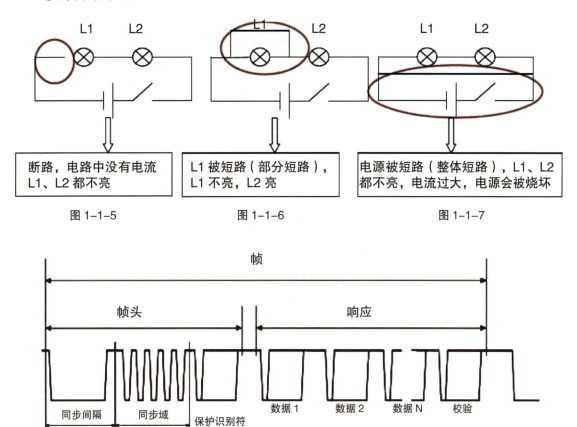

图1-1-5　　　　　　　　　图1-1-6　　　　　　　　　图1-1-7

图1-1-8

五、 课堂提问

（1）图1-1-9中电压为0V，说明了什么问题？图1-1-9中电压为5V，又说明了什么问题？

（2）图1-1-10中电阻为0Ω，说明了什么问题？图1-1-10中电阻为1Ω，又说明了什么问题？

（3）图1-1-11中电阻为∞，说明了什么问题？图1-1-11中电阻为1Ω，又说明了什么问题？

（4）图1-1-12中电阻为0Ω，说明了什么问题？图1-1-12中电阻为∞，又说明了什么问题？

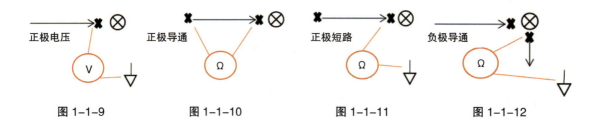

图1-1-9　　　　　　图1-1-10　　　　　　图1-1-11　　　　　　图1-1-12

第二节　车载通信网络

人的大脑可根据其功能划分为不同的区域。在执行复杂动作时，这些区域间的信息交互至关重要，以确保肢体动作、触觉、听觉和视觉等各方面的快速协调。与人体相似，汽车的各个模块亦需进行信息交换，我们称之为车载通信网络。图1-2-1展示了各汽车模块在通信网络中进行数据交换的情形。

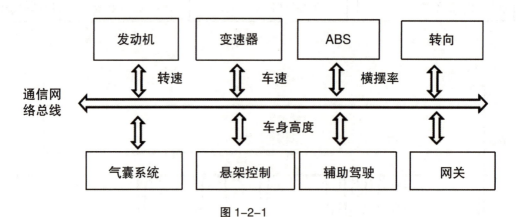

图1-2-1

一、车载通信网络的应用

在早期，汽车的通信网络采用的是点对点的连接方式，即每传递一条信息都需要独立设置一条线路进行连接。然而，随着汽车电控系统的日益复杂，若继续沿用此种连接方式，将会导致布线规模庞大、结构复杂，进而增加故障发生的可能性，并显著提高制造成本。为应对这一挑战，适应大量数据的交换需求，车载通信网络应运而生（表1-2-1）。

表 1-2-1

总线类型	速率 /bps	应用场景	特点
LIN	10k~125k	天窗、雨刮、空调、照明、门控、玻璃升降等	速度慢，成本低
CAN	125k~1M	电子舒适性模块、仪表显示、故障检测等	主流协议，速度较快，抗电磁干扰，双绞线
FlexRay	1M~10M	牵引控制、发动机、自动变速器、ABS 等	速度快，流量大，部分高端车型应用（奔驰、宝马）
MOST	大于 10M	导航、车载音响、车载电话等信息娱乐系统	光纤信号，速度最快，主要应用于媒体等流量大的系统

当前主流的汽车通信网络主要包括 LIN、CAN、FlexRay 和 MOST 等。其中，LIN 主要适用于对通信速率要求相对较低的场景，如门窗控制、灯光调节等。CAN 则是目前使用最广泛的通信协议，广泛应用于各种汽车通信场景。FlexRay 总线由于成本较高，目前仅限于部分品牌车型中使用，主要涉及 EPS 或 ABS 等安全关键模块。而 MOST 则主要应用于车载影音、声音、娱乐等需要传输大量数据的系统。

二、 车载通信网络的共存

在网络系统中，若存在多层通信协议，例如 LIN、FlexRay、CAN 和 MOST 等 4 种不同协议的网络，由于协议之间的差异，它们之间的信息无法直接相互识别。这类似于来自不同国家的人们，他们各自使用不同的语言，因此无法进行直接的语言交流。为了解决这一问题，需要一个翻译的角色来连接不同协议之间的信息。网关正是扮演了这样一个角色，它在多层协议通信网络中充当翻译，使不同网络协议的通信网络之间能够相互识别信息，从而实现顺畅的通信。

三、 课堂提问

（1）图 1-2-2 中有多少个独立的通信网络（子网也算一个）？

（2）图 1-2-2 中的网络可以采用哪种通信协议？

（3）图 1-2-2 中的终端电阻是多少欧（Ω）？测量 CANH 和 CANL 之间的电阻是多少欧（Ω）？

（4）请说明网关的作用。

（5）请说说子网与主网的区别。

（6）通信网络出现故障时，使用诊断仪会读取到什么故障？

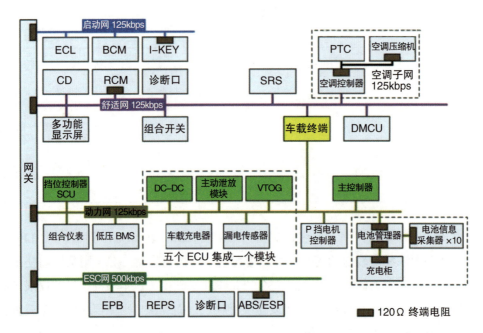

图 1-2-2

第三节　故障码分析

一、故障码的构成

（1）故障码释义。根据故障码的存在位置，可以将其分为以下几类：P类，即 Power 类，涉及动力部分（图 1-3-1）；B类，即 Body 类，涉及车身部分；C类，即 Chassis 类，涉及底盘部分；U类，即 Uinty 类，涉及网络部分。

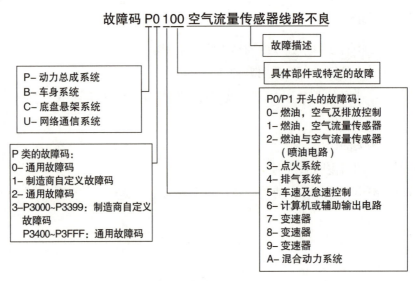

图 1-3-1

（2）故障码的存在状态。按照存在的状态，可以将故障划分为被动/偶发和主动/静态两种状态。具体而言，被动/偶发故障通常表现为虚的故障，而主动/静态故障则通常表现为实的故障。这种分类有助于我们更加清晰地理解和分析故障的性质，从而更好地采取相应的应对措施（表1-3-1）。

表 1-3-1

故障状态	状态描述	可能原因
主动/静态	故障一直都在，属于持续性故障	部件损坏、线路断开或短路等
被动/偶发	曾经或短时间出现过故障，当前该故障已经不存在，但不确保日后是否会重新出现	曾经拆过、线路/针脚虚接

二、 课堂提问（1）

（1）图1-3-2中的故障码存在于哪个控制系统内？

（2）图1-3-2中哪个故障码是当前存在且无法通过清除故障码删除的？

（3）是否可以认为被动/偶发故障不是车辆的实际故障？

（4）被动/偶发故障经过怎样的测试后可以被认定为实际故障？

01 发动机电控系统	相关配件	4	∧	进入系统
P152800 气缸列1，凸轮轴调节 – 断路			主动/静态	🔍
P15AA00 发动机机油压力 – 低于下极限值			被动/偶发	🔍
P056300 供电 – 电压过高			被动/偶发	🔍
P044100 油箱排气系统 – 通过量不正确			被动/偶发	🔍
02 变速器电控系统	相关配件	正常		进入系统
03 制动电子装置	相关配件	正常		进入系统

图 1-3-2

三、 故障码的产生条件

（1）故障码作为一种"电信号"，其检测必须依赖于电路系统。机械故障本身并不直接触发故障码的产生。只有当机械故障同时导致电路中相关数值的变化超出设阈值时，故障码才会被电路系统所识别并记录。

（2）故障码及其触发条件是由汽车制造厂家预先设定的一组存储值，这些数据被存储在车辆的电子控制单元（ECU）中。只有当电路系统检测到的"电信号"满足这些预设条件时，相应的故障码才会被ECU提取并存储，以供后续的诊断和维修参考。

四、课堂提问（2）

（1）对于表 1-3-2 中的故障码 C1601、C1604、C1606，分别要检查什么线路？

（2）对于表 1-3-2 中的故障码 C1609，需要到哪个控制系统去检测故障？

表 1-3-2

故障码	产生条件
C1601	① 供给 EPS 的电压 >17.5V 或者 <9V；② 持续时间 5s
C1604	扭矩传感器输出信号故障
C1606	EPS 检测到电机驱动装置故障或 EPS 电机故障
C1607	控制单元内部存储器系统故障，或控制单元内部故障
C1609	① 检测到 ABS 与 EPS 通过 CAN 线输入的车速信号故障； ② 检测到 ABS 与 EPS 通过 CAN 线输出的车速信号故障
U1000 CAN	① EPS 没有传输或者接收 CAN 通信信号；② 持续时间 >2s

五、故障码分析

故障码分析是一项需要丰富维修经验的任务。通常情况下，我们可以通过"读取→验证→分析→系统提示"的流程来解决相关问题。

首先，我们需要全面读取系统故障信息，整合所有相关的故障码，以确保获取完整的故障信息。例如，PGM 发动机系统可能存在"空气质量传感器故障"的故障码，A/T 变速器系统则可能没有故障码，SRS 气囊系统可能出现"安全带及气囊断路故障"的故障码，而 ABS 制动系统则可能有"调制器控制单元高压故障"的故障码。

然后，验证这些故障是否确实存在。通常，永久故障码需要排除实际故障后才能清除，而临时故障码则可以通过诊断仪直接清除。然而，有时由于部件未运行或工作状态未达到临界点，可能导致读取的瞬间仍显示为临时故障码。在实际操作中，我们通常需要删除故障码后重新读取，或者通过试车重现故障来判断该故障码是否实际存在。

接着，我们需要深入分析故障的根本原因。由于故障码之间具有关联性，我们在读取故障码时可能会发现多个故障码。因此，我们需要通过分析这些故障码之间的相互关系来确定哪个故障码是引起问题的根本原因。

最后，我们还需要参考系统的操作指引。例如，本田系统的故障码通常会提供关于故障可能原因的说明（图 1-3-3），如 P0113 IAI（进气温度）传感器电路电压过高可能的原因包括信号线断路、搭铁线断路、传感器故障或 ECM/PCM 故障。诊断系统通常会列出可能的原因，并按修复难易程度进行排序。而对于大众奥迪等品牌，我们可以直接使用诊断仪的"检测计划"功能，按照指示逐步排查故障原因。

总的来说，通过严谨、稳重、理性的分析，结合系统的操作指引，我们能够更有效地解决与故障码相关的问题。

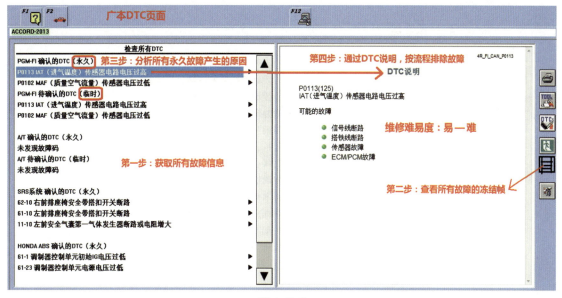

图 1-3-3

第四节　冻结帧数据解读

一、冻结帧的概念

当故障码出现时，ECU会保存该故障发生瞬间的数据流，这组数据被称为冻结帧。不同品牌的汽车，其冻结帧的具体内容有所不同。通常，欧美系车辆可以读取故障发生时的时间和行驶公里数，而国产车、日系车和韩系车等多数情况下并不提供故障发生时的时间和公里数信息。对于发动机系统的故障码，往往还包含与发动机相关数据的冻结帧。

冻结帧中的时间和行驶公里数等参数，能够间接反映故障发生时的时间和车辆行驶的公里数，这对于判断保险事故的真实性具有重要的参考价值（图1-4-1）。例如，大众集团（包括大众、奥迪、保时捷、斯柯达等品牌）、路虎捷豹、沃尔沃和宝马等品牌的车辆，其冻结帧数据中包含了故障发生的时间和行驶公里数。美系车的故障码通常也包含故障发生时的公里数信息。

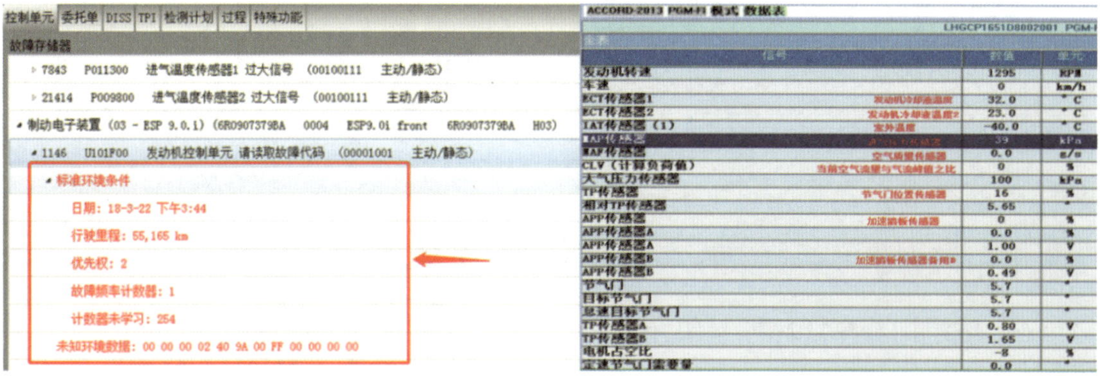

图 1-4-1

二、冻结帧分析（图1-4-2）

发动机故障的冻结帧能反映车辆的行驶状态，能侧面反映驾驶员的意图。

故障码："U101700 ABS 制动控制模块 – 读出故障码"

里程：6716km

时间：2018.5.14 16:21:02

发动机转速：1751.5r/min →正常行驶转速

标准负荷值：22% →较低

车速：11km/h →较低车速

冷却液温度 81℃→着车 20~30min

端子 30 电压：约 14V →发动机处于工作状态

图 1-4-2

三、课堂提问

（1）见表1-4-1，气囊控制单元出现故障，但是没有触发气囊，需要获取哪些数据？

（2）见表1-4-1，车辆停放被撞，发动机出现故障码，可以尝试读取哪个数据来判断故障码与碰撞的联系性？

（3）见表1-4-1，当地温差较大，怀疑是夜晚事故，早上报案，哪个数据具有参考意义？

表 1-4-1

冻结帧	分析因素	应用场景
车速	结合制动问题、考虑碰撞后的减速	停放被撞、扩大损失
加速踏板、制动踏板	结合判断驾驶意图（加速或减速，是否有制动行为等）	停放受损、故意碰撞、酒驾等
发动机温度、室外温度	车辆运行时长及外界气温（真实使用车辆的时间或者出险时的温度）	停放受损、延时报案等
负荷值	用电情况（灯、空调的使用都会影响负荷值	夜间 / 白天、天气热 / 冷
电压	一般负荷 13.5~14V、未着车 11~12V、充电 13.5~14.4V	着车、怠速、熄火
ECU 识别	供应商、MB 号码、硬件、软件日期、零件编码、软件编码	配件调包

第五节 冻结帧案例

一、依维柯着车烧坏控制单元案例

（1）案件信息（图 1-5-1）。

① 案情。客户称依维柯着车时，看到冒烟并有烧焦味。

② 故障。显示多个模块无通信故障，报损发动机控制单元、变速器控制单元、ABS 泵、发电机、电池等。

③ 思考。模块无通信故障就表示控制单元坏了吗？

（2）案件分析。

① 系统显示模块无通信故障，但这并不意味着模块本身一定受损。

② 可能存在其他影响因素，如线路故障等，需进一步排查。

③ 为准确诊断问题，必要时需采取逐一替换测试的方法。

（3）知识拓展。无通信的可能原因包括模块损坏、供电或搭铁线故障以及 CAN 通信网络损坏。针对以上问题，建议逐一排查，以确定具体原因并采取相应措施进行修复。同时，为了确保设备的正常运行，建议定期对相关设备进行维护和检查。

图 1-5-1

二、大众 ABS 泵故障冻结帧案例

（1）案件信息（图 1-5-2）。

① 案情。大众宝来行驶过程中不慎碰撞中间隔离带。

② 故障。左前车头中部受损，ABS 泵报"控制单元损坏"故障。

③ 思考。ABS 泵与碰撞事故是否相关？需要采集哪些信息？

（2）案件分析。

① 经过详细检查，本次碰撞并未对 ABS 泵的位置造成挤压或导致其移位。

② 此外，通过读取冻结帧数据，我们发现该故障在 2021 年已经存在，即在事故发生之前就已经有了故障记录。

（3）知识拓展。经过技术验证，大众集团旗下的奥迪、保时捷、斯柯达以及宝马、沃尔沃、路虎捷豹等品牌的车辆，能够成功读取故障发生时的具体时间和车辆行驶的公里数。此外，部分国产新型车辆也已具备此项功能。这些数据的获取对于车辆故障诊断及维修具有重要意义，有助于提升维修效率和准确性。

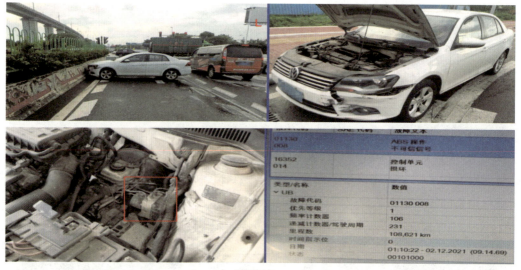

图 1-5-2

三、奔驰轻微碰撞报限距传感器无通信案件

（1）案件信息（图 1-5-3、图 1-5-4）

① 案情。奔驰被追尾后，又向前挤压到前方车辆，造成本车后部严重受损，前部仅轻微擦车漆。

② 故障。碰撞系统 A90 模块无通信故障。

③ 思考。微碰撞是否会造成防碰撞模块无通信故障？如何检测？

图 1-5-3

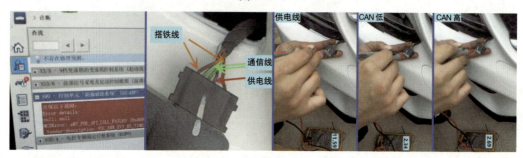

图 1-5-4

（2）案件分析。插头包含5根线，分别负责供电、搭铁和通信功能。经过逐一测量，各线的供电电压及通断状态均表现正常。

（3）知识拓展。在无通信故障的情况下，供电、搭铁和通信的测量是必要步骤。而对于执行器或传感器的检测，则需采用特定的测量方法。

第六节　课后训练

一、故障码类问题思考

（1）车速传感器损坏可能导致哪些控制系统出现故障码？根源是哪个系统？

（2）对于动力转向系统U045A00"来自驻车辅助系统的数据不可信"，应采取怎样的排查顺序？

（3）右侧脚坑出风口温度传感器故障，存在对正极短路或断路，可能的原因是什么？

（4）大众宝来的安全带和气囊均未触发，诊断仪显示右前安全气囊或预紧器断路，应采取怎样的故障排查方法？

（5）燃油泵压力过低及燃油泵电压过低，会引发哪些故障现象？

（6）丰田的ABS泵电磁阀电路对正极短路或断路，请问ABS系统是否可以进入？有哪些故障现象？

（7）右侧行人碰撞传感器内部故障或安装角度异常，可能的故障原因是什么？

二、冻结帧类问题思考

（1）帕萨特的故障码冻结帧的时间显示红色0000-00-0000-00，请问是什么情况？

（2）奔驰的故障码公里数为232332，仪表公里数为232340，请问故障码是事故现场产生的吗？如何核实真实公里数？

（3）皇冠的发动机控制单元故障，转速897r/min，加速踏板0%，节气门15%，制动踏板0%，可以推断是怎样的行车状态？

（4）奇骏停放被撞，冻结帧数据——发动机温度89℃，室外温度17℃（当天白天25℃），据此可以推断车辆是怎样的状态？（注意陷阱）

（5）奥迪A4的节气门故障，负荷值18%，端子30电压11.8V，端子31断路，请问故障原因是什么？

（6）制动系统中，胎压传感器故障端子30电压0.0001V，冷却液–38℃，进气温度146℃，请问存在的故障有哪些？

（7）奥迪A6的方向机无法通信故障，应如何读取故障的冻结帧？

（8）调查组怀疑有一台套牌的车辆，我们应如何协助核实？

（9）在一个系统内有多个故障码，请问只读取其中一个故障码的冻结帧可以吗？

三、案例思考

（1）丰田皇冠的左前门开关控制不了左后门玻璃升降机工作，左后门开关可以正常控制升降机工作，其他车门玻璃正常工作。检查左前门开关在控制时，电压可以正常。电路图见图1-6-1。

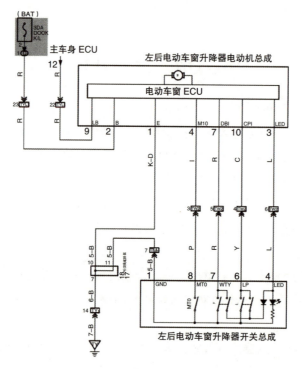

图 1-6-1

① 左前门开关控制不了左后门玻璃升降机工作，可能原因包括_____、
_____、_____、_____、_____和_____。

② 左后门开关可以正常控制升降机工作，可以证明_____、_____是正常的。

③ 先检查 LIN 线路问题，万用表在_____挡，测量_____与_____之间导通。

④ 若线路均正常，且使用动作测试功能可以控制车窗，则可能损坏的零件是_____。

（2）接到故障车，客户称比亚迪 F3 开着开着就水温高，电路图见图1-6-2。

① 使用发动机系统的_____功能（1分），读取冷却液温度，发动机运转不断升高，判断_____元件的功能正常（1分）。

② 使用发动机系统的_____功能（1分），对冷却风扇和冷凝风扇进行控制。结果冷却风扇的高速挡不动，低速挡可以动，冷凝风扇也可以动，据电路图分析哪 4 个元件是好的？_____（1分）。

③ 经查阅电路图，风扇经由_____继电器（1分），属于_____结构的继电器（1分），以及经由_____继电器（1分），属于_____结构类型的继电器（1分）。

④ 请在图上用蓝色笔画出风扇低速挡回路（不画控制部分）（2分）。

⑤ 请在图上用红色笔画出风扇高速挡回路（不画控制部分）（2分）。

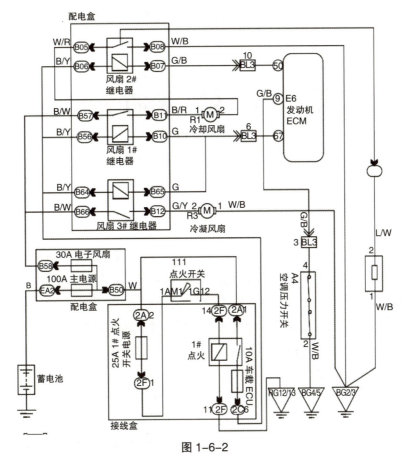

图 1-6-2

⑥ 请写出可能的故障原因（可标两端针脚表示导线）（4分）。

四、答案

（1）丰田皇冠答案。

① 电动车窗ECU（电机总成）故障、来自主车身ECU信号故障、针脚2号供电线故障、针脚1号搭铁线故障、左前门控制开关故障、针脚9号LIN线故障。

② 左后门开关、左后门升降电机。

③ 电阻/二极管，左后电动ECU9号针脚、主ECU12号针脚。

④ 左前门开关控制器。

（2）接到故障车答案。

① 读取数据流、水温传感器/冷却液温度传感器。

② 动作测试，风扇3号继电器、冷凝风扇、风扇1号继电器、冷却风扇。

③ 风扇1号、4脚、风扇3号、5脚。

④ 答案略。

⑤ 答案略。

⑥ 风扇2号继电器损坏，内部开关无法连接到B08针脚；导线B08-BG2/3断路。

第二章 安全辅助系统

第一节 碰撞传感器

一、安全气囊系统（SRS）的触发原理

以侧面碰撞为例，如图 2-1-1 所示，当车辆遭受侧面撞击时，将产生一个横向的运动响应。在碰撞的瞬间，会产生一个横向的加速度。侧气囊传感器内的压电晶片在受到这个横向加速度的作用时，会发生形变。这种形变会导致传感器电路的电压值发生变化。

气囊控制单元在工作状态下，会不断监控气囊传感器的电压值。一旦检测到的电压值达到预设的触发标准（同时，气囊控制单元还会全面考量车速等其他相关信号），气囊控制单元会立刻向执行器发出指令。执行器接收到指令后，会迅速启动相应的气囊或安全带，旨在最大限度地保护驾乘人员的安全。

除了正面和侧面的气囊传感器，还有纵向加速度传感器、横摆率传感器等，它们通常都被集成在气囊控制单元中。当车辆发生侧翻、旋转或者被追尾等事故时，这些传感器会迅速响应，将信号传递给气囊控制单元，从而触发相应的保护措施。

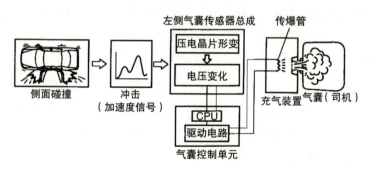

图 2-1-1

二、课堂提问

（1）福特野马停放熄火期间被撞，诊断仪读取行人保护装置有故障，是否合理？

（2）奔驰追尾前车后，又被后车追尾，4 条安全带触发，前部尾部受损程度差不多，该由本车还是后车负责？

三、安全气囊系统的触发条件

气囊传感器在安全气囊系统的运行中扮演关键角色，负责采集碰撞信号。然而，是否触

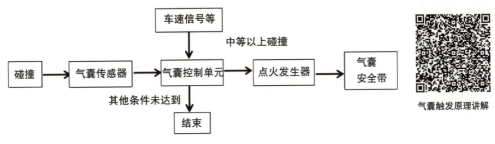

图 2-1-2

气囊触发原理讲解

发安全气囊的最终决策权在于气囊控制单元，如图 2-1-2 和图 2-1-3 所示。

即使碰撞信号满足了触发条件，如果车速等其他关键参数未达到预设标准，气囊控制单元仍不会发出启动指令。此外，一旦碰撞信号消失，气囊传感器内部的压电晶片将迅速复位，并继续其常规的碰撞信号监测工作。

图 2-1-3

四、碰撞传感器工作原理

（1）气囊传感器的分类。

① 机电式（已淘汰）：其运作原理是机械触点因惯性克服弹簧力运动，从而控制触点开关的状态。这种类型包括滚球式、滚轴式和偏心锤式等。

② 水银式（已淘汰）：其工作原理基于水银的导电性，通过控制气囊电路的开关状态来实现功能。

③ 电子式：通过应变电阻的形变导致其电阻值发生变化，或者压电晶体受力后使电压产生变化，从而实现对气囊电路开关的控制。电子式主要包括压电式和电阻应变计式。

（2）压电效应。

图 2-1-4 展示了压电效应的基本原理，即压电晶体在外力作用下，其外形发生变化并导致输出电压的相应调整。这种效应的实现依赖于特定的压电材料，如石英或陶瓷。当受到压

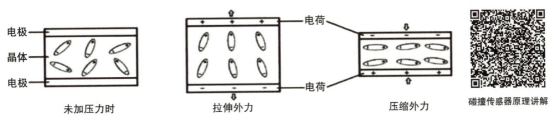

图 2-1-4

碰撞传感器原理讲解

力作用时，压电晶体的形态、输出电流的方向以及电压的幅度均会发生变化。值得注意的是，一旦外力消失，压电晶体会自动恢复到其原始状态。此外，碰撞传感器在实际应用中，会不断经历形变的循环过程，并不会因为触发气囊等安全装置而受到损害。

五、重复使用依据

碰撞传感器可重复使用的依据在于其设计和制造过程中遵循了严格的质量标准和耐久性要求。这些传感器经过精心设计和精心制造，采用了高质量的材料和先进的技术，以确保其在正常使用条件下具有较长的使用寿命和稳定的性能。

此外，碰撞传感器在生产和质量控制过程中，经过了严格的测试和检验，以确保其符合相关的安全标准和性能要求。这些测试包括环境适应性测试、耐久性测试、可靠性测试等，以确保传感器在不同环境和使用场景下都能保持稳定的性能。

（1）原理：碰撞传感器的工作机制在于其内部压电晶体在遭遇碰撞时经历的形变与恢复循环过程（无论常规的制动还是加速操作，均会诱发此形变与恢复过程）。

（2）设计要求：碰撞传感器的信号并非气囊系统启动的唯一因素，车速、横摆率等信号亦在其中扮演着重要角色。因此，在设计时，必须确保碰撞传感器具备可重复使用性，以满足系统的多元触发条件。

（3）诊断仪诊断证明：我们利用专业诊断设备对气囊系统进行了详尽的故障码读取。经过严谨的诊断流程和仔细分析，我们确认气囊系统的故障码中并未涉及碰撞传感器的问题。这表示气囊系统在碰撞传感器方面表现正常，无须进一步维修或更换。我们始终遵循理性、科学的诊断方法，以确保对车辆进行安全的准确评估。

第二节　气囊控制单元

一、安全气囊系统的电控图

气囊系统主要由气囊 ECU、传感器、执行器、导线组成，如图 2-2-1 和图 2-2-2 所示。

（1）供电线路。

① IG 电→保险丝→针脚 21A。

② 电压 12V。

（2）搭铁线路。

① 针脚 25A →搭铁。

② 针脚 26A →搭铁。

③ 外壳搭铁（特别注意）。

（3）通信线路。

① CANH 针脚 13A ←→ CAN 通信。

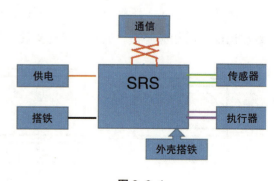

图 2-2-1

② CANL 针脚 22A ←→ CAN 通信。

③ CANH+CANL=5V。

（4）传感器线路。传感器←→气囊控制单元。

（5）执行器线路。执行器←→气囊控制单元。

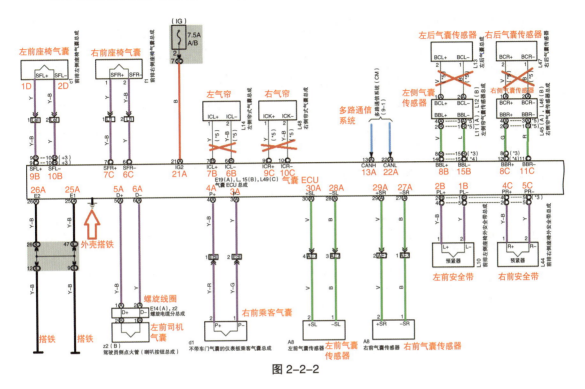

图 2-2-2

二、气囊控制单元的工作原理

（1）气囊控制单元的运作机制在于，当车辆遭遇碰撞事故时，它能够接收来自传感器的信号，并据此迅速判断是否需要激活气囊系统以保护驾乘人员安全。若判断结果为肯定，气囊控制单元会立即向气囊发出启动指令，促使其迅速充气并扩张，从而有效保护驾乘人员免受潜在伤害，如图 2-2-3 所示。

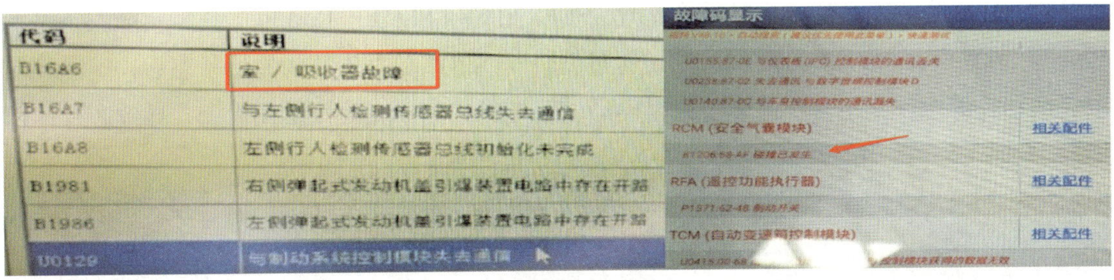

图 2-2-3

（2）气囊系统的故障码。车辆发生气囊触发事故后，气囊系统内可能会出现与事故相关的触发指令。例如，皇冠的行人保护系统触发后，系统会报告"室/吸收器故障"；通用汽车触发气囊后，会显示"已指令展开"；日产车辆遭遇严重尾部事故时，可能会触发"后撞"故障；路虎、福特则会显示"碰撞事故储存已满并锁定"。大众、奥迪、沃尔沃等众多品牌，在气囊触发事件发生时，都会有相应的触发指令。然而，丰田、本田等部分品牌则不会显示相关的触发指令故障码，如图 2-2-4 所示。

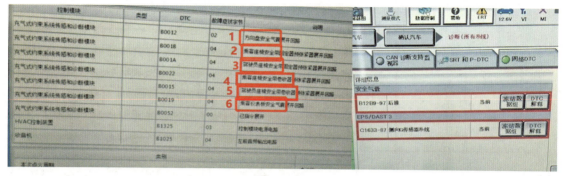

图 2-2-4

三、课堂提问

（1）皇冠的行人保护装置报故障，但是没有故障码"室／吸收器故障"，正常吗？

（2）大众速腾前部严重碰撞事故，气囊系统只有"驾驶员侧气囊断路"，正常吗？

注意：在处理定损案件时，若气囊系统内仅存在执行器故障而缺乏应有的触发指令，我们必须对气囊触发的真实性持怀疑态度。

四、气囊控制单元的指令代码

在安全气囊系统中，气囊控制单元扮演着至关重要的角色，负责数据的存储、监测以及触发展开指令的执行。那么，当气囊被触发并展开后，气囊控制单元是否还能继续使用，以及其内部状态将发生怎样的变化，是需要深入探讨的问题。

如图 2-2-5 所示，以 2012 款日产阳光为例，经过对 2012 款日产阳光车型的气囊控制单元存储器进行专业分析，利用长广 CG100 编辑器对碰撞前后的数据进行细致的读取与对比。在此过程中，我们观察到，一组原始数据"FFFF FFFF FFFF FFFF FFFF"在特定触发条件下转变为"0000 0000 0000 0000 0000"。通过编辑器将这些数据恢复为原始状态后，气囊控制单元的功能得以恢复正常。由此可以得出结论，气囊控制单元发出触发指令，导致芯片内部

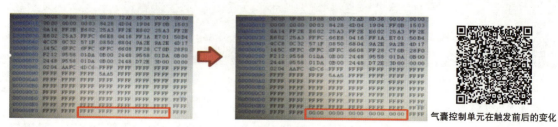

气囊控制单元在触发前后的变化

图 2-2-5

的部分存储数据发生变化，是引发气囊控制单元故障码的根本原因。值得注意的是，在碰撞事故中，气囊控制单元本身并不会遭受内部硬件损坏。

部分车企已经考虑到气囊控制单元重复使用问题，在设计的时候已经预留多几套数据，使气囊控制单元在触发后仍然可以使用备用的数据继续工作，无须更换气囊控制单元。数据不全，待日后完善。

部分汽车制造企业在产品设计中，已前瞻性地预见到气囊控制单元可能存在的重复性使用问题。为解决这一问题，设计人员在设计过程中预先植入了多套备用数据。这样，即便气囊控制单元在触发后遭遇数据问题，也能迅速切换至备用数据模式，确保气囊控制单元能够持续稳定地工作，从而避免了更换整个气囊控制单元的烦琐与成本，各品牌/车系的具体情况见表2-2-1。

表2-2-1

重复使用情况	品牌/车系
允许多次重复使用	奔驰、宝马、奥迪、保时捷、大众、斯柯达、别克、凯迪拉克、雪佛兰、玛莎拉蒂等
结合实际情况	路虎、捷豹、沃尔沃、福特、马自达、林肯、比亚迪等
故障码不能清除	国产、日系、韩系、法系等

第三节 安全气囊

一、执行器的原理与定损

（1）气囊组件。当气体发生器接收到信号后，它会引燃气体发生剂，从而产生大量气体。这些气体经过滤并冷却后，迅速进入气囊，使其在极短的时间内突破衬垫并展开，在驾驶员或乘员的前部，形成了一个弹性气垫。展开后的气囊会及时泄漏并收缩，吸收冲击能量，从而有效保护人体头部和胸部，减少或避免伤害。

注意：在处理风险案件时，我们必须检查气囊是否存在皱褶，其生产时间是否与记录相符以及爆炸位置是否有锈迹。

（2）安全带。安全带是一种安全装置，用于在碰撞时约束驾乘人员，避免他们与方向盘、仪表板等发生二次碰撞，或在碰撞时冲出车外导致死伤。

注意：在处理风险案件时，我们需要检查安全带是否有相符的拉紧痕迹，其生产时间是否与记录相符以及是否存在锈迹等问题。

（3）主动式头枕。当车辆发生碰撞事故时，主动式头枕调节装置可迅速将头枕向前推出，以减轻驾乘人员颈椎受到的冲击。目前存在两种调节方式：其一，采用引爆装置对座椅头枕装置进行一次性调节，激活后无法再次使用；其二，利用电动机对座椅头枕装置进行调节。

注意：非燃爆式的主动式头枕激活后可通过专用工具使头枕复位，实现重复使用。

二、课堂提问

（1）碰撞事故后，只有 1 个气囊组件报故障，一般情况下，如何处理？

（2）安全带正常触发，除了有故障码外，其自身会有什么触发的痕迹？

（3）你知道哪些品牌的头枕触发后是可以复位的，但是仍需要注意卡位是否破裂？

（4）宝马追尾前车，前部受损较严重，读取故障码发现头枕存在故障，是否合理？

第四节　行人保护装置

一、行人保护装置的组成

当检测到与行人发生碰撞时，弹起装置会迅速启动并将发动机盖顶起。这一设计使得当行人压在发动机盖上时，发动机盖拥有一定的向下收缩空间，从而有效降低对行人的伤害。

该安全系统的主要构成部件包括行人保护传感器（也被称为行人侦测室）、举升装置、气囊控制单元、发动机盖以及活动铰链。这些部件协同工作，确保在发生碰撞时能够为行人提供最大程度的保护（图 2-4-1）。

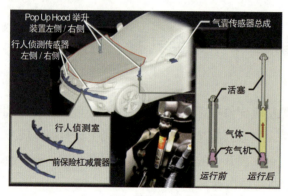

雅阁触发行人保护装置

图 2-4-1

二、行人保护系统的触发条件

根据丰田皇冠的行人保护装置的公开数据，我们可以观察到以下几点关键信息：

首先，该装置的设计和运行主要适用于车辆行驶在 25~55km/h 的速度区间内。这一速度范围被视为中等车速区间，是日常生活中常见的驾驶速度。

其次，当车辆以这一运行速度与重量达到或超过 20kg 的物体发生碰撞时，行人保护装置将启动工作。在实际的检测过程中，我们主要关注的是碰撞产生的气压或三点式加速度值，这些数据能够客观地反映出碰撞的严重程度和行人保护装置的实际效果。

三、课堂提问

（1）部分车主采用成本最低的方式对行人触发装置进行维修，你知道是怎样维修的吗？

（2）有行人保护功能的前盖铰链与普通铰链有什么区别吗？

（3）可以从哪些细节判断行人保护装置触发是否旧损？

（4）别克的行人保护装置触发后，气囊控制单元能否重复使用？

第五节　案例分享

一、指南者头枕触发案例

（1）案情信息（图2-5-1、图2-5-2）。一辆货车在倒车过程中，不慎与一辆停放的吉普指南者发生碰撞，导致指南者车辆的左后部出现轻微损伤。

（2）故障诊断。

① 经过初步检查，发现吉普指南者的左后杠有破损现象。

② 在随后的维修过程中，技术人员发现车辆的左前头枕已经弹出，并且其卡位遭受损坏，无法通过机械方式复位。

③ 因此，需要更换新的头枕。

（3）思考问题。针对上述头枕弹出的情况，如何确认这是否是由本次事故直接导致的？

图 2-5-1

图 2-5-2

（4）案件分析。经过详细查阅电路图（图2-5-3），我们确认气囊系统由 IG 提供电源。只有在点火开关位于 ON/START 位置时，气囊控制单元才会上电并启动工作。鉴于本车目前处于停放状态，SRS 并未获得供电。

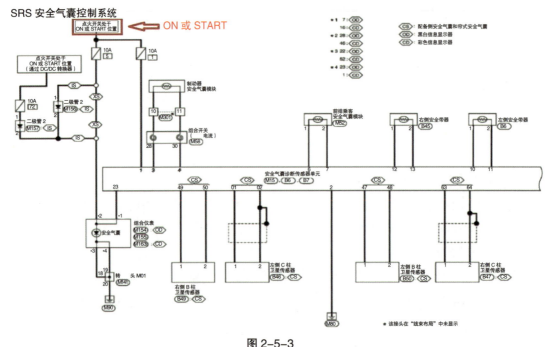

图 2-5-3

结论：因此，不存在触发头枕的潜在风险。

（5）知识拓展。在停车熄火的状态下，绝大多数的车身控制系统都处于非运行状态，故在此期间发生的碰撞事故，不会对车辆的控制系统造成损坏。

二、比亚迪碰撞传感器案例

（1）案件信息。比亚迪 E5 型电动汽车发生了一起严重的前部碰撞事故，导致车辆前部受到重大损伤，同时触发了车辆的主、副安全气囊系统，有效地保护了驾乘人员安全。

（2）故障诊断。在事故后的车辆检查中，仪表板显示系统报告了 SRS 故障。通过专业的故障诊断工具读取故障码，发现存在"碰撞传感器未连接"的故障提示。

（3）思考问题。

① 见图 2-5-4，此次触发安全气囊的事故是否有可能导致碰撞传感器受到损坏，从而引

图 2-5-4

发上述的未连接故障？

②需要从哪些方面进行综合分析？

（4）案件分析。

①经过对电路图（图2-5-5）的详细审查以及对传感器与气囊控制单元之间导线电阻的精确测量，我们发现电阻值表现为无穷大（图2-5-6）。

②经过进一步的排查，我们确定问题出在线束断开上。因此，我们得出结论，此次故障完全是由线束问题引起的，与气囊触发无关，因此不会导致碰撞传感器受损。

（5）知识拓展。经过严谨的理论分析，碰撞传感器确实具有可重复使用的特性，这主要基于以下三个维度的考量。

首先，从结构原理的角度出发，其设计初衷即为循环使用，以确保在多次碰撞事件中均能稳定工作。

其次，考虑到多个触发条件的要求，重复使用碰撞传感器是满足这些条件的必要条件。

最后，通过诊断仪诊断可以验证传感器并未受损，从而进一步证实了其可重复使用的特性。

综上所述，从结构原理、触发条件以及诊断仪诊断三个维度来看，碰撞传感器确实可以重复使用。

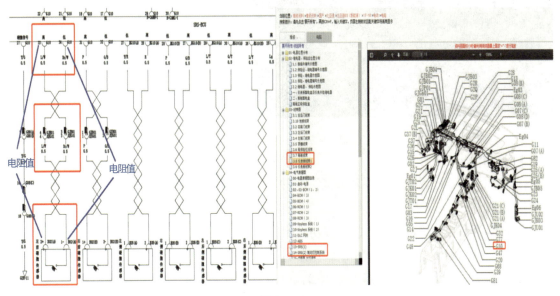

图2-5-5

图2-5-6

三、凯迪拉克座椅重力感知案例

（1）案件信息（图 2-5-7）。凯迪拉克 CTS 与一辆货车发生了碰撞事故，导致 CTS 的右前叶子板和右前大灯遭受了严重的损坏。

（2）故障诊断。经过检测，我们发现气囊故障指示灯亮起，通过读取故障码，我们确认存在"乘客感知模块"的故障。

（3）思考问题。

① 乘客感知模块故障与碰撞事故之间是否存在潜在联系？

② 如何进行故障排查？

图 2-5-7

（4）案件分析。

① 存在故障码"乘客感知模块故障"，并不是说明该模块已经损失，应该先尝试对感知模块进行学习。

② 经学习后，故障码消失，故障成功排除。

③ 乘客感知模块故障属于该车型常见通病。

④ 乘客感知模块既不属于触发传感器，也不属于触发的执行器，安全组件是否触发均不会导致其损坏。

（5）知识拓展（图 2-5-8）。

① 乘客感知模块是安装在副驾驶坐垫内的压力传感器，当感知有一定重力时，就会提示乘客扣上安全带。

② 当更换气囊控制单元或者其内部数据丢失时，需要对感知传感器进行重新学习。

③ 感知传感器长期受压、高温或者老化等，都会造成其损坏。

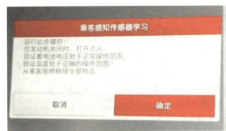

图 2-5-8

四、宝来气囊组件调包案例

（1）案件信息（图 2-5-9）。宝来被追尾，后部严重受损，后杠、后围板严重变形。

（2）故障诊断。仪表亮气囊灯，驾驶员及乘客安全带电阻过高。

（3）思考问题。宝来尾部碰撞事故是否会触发安全带？

图 2-5-9

（4）案件分析（图 2-5-10）。经过对车辆相关部件的详细检查，我们发现：

① 车辆气囊控制单元以及安全带的生产日期与车辆的整体生产日期存在不一致的现象。

② 针对该老款宝来车型，后部碰撞事故并不会触发安全带功能，这是厂家的安全设计。

③ 气囊系统的故障检测中，并未发现正常的触发指令故障码。

（5）知识拓展。

① 获取生产时间的方式包括查看车辆铭牌、模块外标签、模块内壳、芯片插头以及通过诊断仪读取模块版本信息等途径。

② 安全组件的触发条件在车辆生产过程中已经预设了。对于很多车型而言，如果发生追尾事故，安全带可能不会触发。

③ 在大众车辆中，气囊组件的触发需要接收到特定的触发指令故障码。

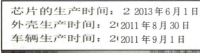

芯片的生产时间：2 2013 年 6 月 1 日
外壳生产时间：2 2011 年 8 月 30 日
车辆生产时间：2 2011 年 9 月 1 日

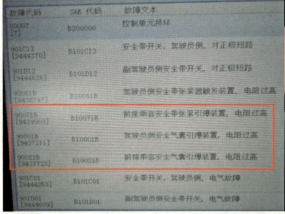

图 2-5-10

五、凌派主气囊故障案例

（1）案件信息（图 2-5-11）。凌派轿车前部发生了一起严重的碰撞事故。在事故过程中，车辆的副气囊已正常触发，起到了保护作用。然而，主气囊却未能及时触发。

图 2-5-11

（2）故障诊断。经更换气囊及气囊控制单元后，通过故障码读取，我们发现主气囊亦存在问题，要求对主气囊进行追加维修。

（3）思考问题。主气囊是否存在真实故障？若存在，该故障（若存在）是否与碰撞事故有关？

（4）案件分析（图2-5-12）。经过"旧→新→旧"的流程测试，我们使用了气囊替换工具对主气囊进行了替换。测试结果表明，在替换后，故障码得以清除。然而，当我们将气囊重新替换回原始状态时，故障同样被清除。基于这一测试结果，我们分析推断主气囊在初始状态下可能存在接触不良的问题，从而导致了故障的发生。

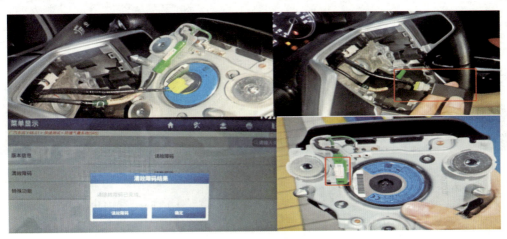

图 2-5-12

为了进一步验证我们的推断，我们查阅了相关的维修记录并发现了气囊的标签维修记录。据这些记录，确认该气囊为二次维修件。在与客户进行沟通后，我们得知上次的维修单位也同意为客户更换全新的气囊。

（5）知识拓展。

① 气囊是否存在故障，可以使用 2Ω 电阻进行替换测试。

② 气囊产生故障的原因（非触发）：接触不良、二次维修不良、自身电路故障等。

六、本田 XR-V 安全带锁止案例

（1）案件信息（图2-12-13）。本次事故为一起单方事故，涉及一辆本田 XR-V 车型。事故发生时，该车辆的前下部发生了碰撞，导致车辆前底部位置遭受了严重损坏。

（2）故障诊断。在维修过程中，发现车辆安全带存在锁止现象，并伴随故障表现，需对安全带及气囊控制单元进行更换。

（3）针对锁止安全带功能是否存在故障以及 XR-V 车型是否具备单独锁止安全带的设定，我们将进行严谨、稳重、理性的分析。

首先，关于锁止安全带的功能是否出现故障，这需要通过专业的故障诊断设备进行检测。在未经专业检测的情况下，我们不能仅凭车主的描述就判断锁止安全带功能是否存在故障。

其次，关于 XR-V 车型是否具备单独锁止安全带的设定，这取决于具体车型的配置。一般而言，现代汽车的安全带系统都具备预紧和限力功能，以在碰撞发生时保护驾乘人员的安全。而单独锁止安全带的设定可能因车型和配置不同而有所差异。为了准确了解 XR-V 车型是否具备此功能，我们须查阅相关车型的官方手册或咨询授权经销商。

图 2-5-13

（4）案件分析。经过细致的检查，发现安全带因螺丝卡滞而呈现锁止状态；同时，线束被错误连接，导致故障码的产生（图 2-5-14）。

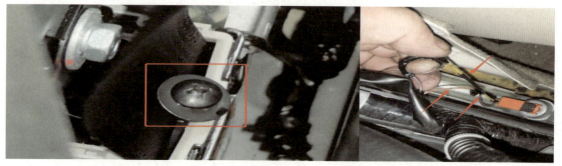

图 2-5-14

（5）知识拓展。

① 在安全带锁止的情况下，其高度调节位置不可避免地会产生勒痕。

② 对于存在疑问的案件，为确保案件的真实诊断，对线路进行检查或进行替换测试是至关重要的。

七、蒙迪欧气囊控制单元解码案例

（1）案件信息（图 2-5-15）。福特蒙迪欧发生追尾事故，事故造成蒙迪欧前部受损严重。

（2）故障诊断。副气囊在车辆碰撞过程中凸出，但未能正常展开且车辆的安全带锁死功能已启动。

（3）针对当前问题，需要对副气囊的触发状态进行核实，并评估安全带及气囊控制单元的运作状态，以确定是否需要更换相关部件。

图 2-5-15

（4）案件分析。经过详细的检查，确认副气囊已经成功触发。但鉴于该气囊为二次维修件，其弹出力存在不足，因此未能成功弹破仪表台。另外，也发现安全带存在明显的勒紧痕迹，并检测到相关故障码，这符合正常触发的特征。同时，气囊控制单元的故障码显示为"B1206曾发生过撞击"，此故障码不能直接删除。为消除该故障码，需按照特定流程进行碰撞数据记忆的清除，具体路径为：工具→电气→服务功能→参数重置/配置→清除碰撞数据记录。

（5）知识拓展。福特、马自达、林肯、沃尔沃及捷豹路虎等部分老款车型在气囊触发后，其故障码"碰撞事故/发生过撞击"是可以进行解码的。然而，若故障码显示"碰撞存储已满并锁定"，则解码操作将无法进行。此外，当车辆的安全带正常触发拉紧时，安全带上必然留下勒紧痕迹。通过观察这些勒痕的位置，可以准确判断安全带是否已正确扣上，如图 2-5-16 所示。

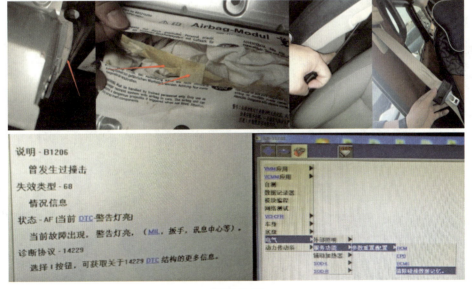

图 2-5-16

八、皇冠行人保护组件装旧件案例

（1）案件信息。丰田皇冠汽车的前部右侧发生了碰撞事故，造成了中等程度的损害。

（2）故障诊断。经过检测，发现车辆的前盖并未被顶起，但行人保护装置却意外弹出，并且仪表盘上显示出现了故障提示，如图 2-5-17 所示。

（3）经检查，发现车辆前盖未能正常弹起，同时行人保护装置已触发。针对此情况，需进一步调查以判断是旧损还是调包所致。

图 2-5-17

（4）案件分析（图 2-5-18）。经检测，发现铰链上没有撞击，但是弹起装置上出现了撞击痕迹。此外，弹起装置表现出生锈且显旧的特征，且存在明显的拆卸痕迹。在故障码的显示中，仅显示出弹出装置出现故障，而并未检测到"室/吸收器故障"的正常触发。综合以上情况，可以判断行人保护装置可能已被人为调包为旧件。

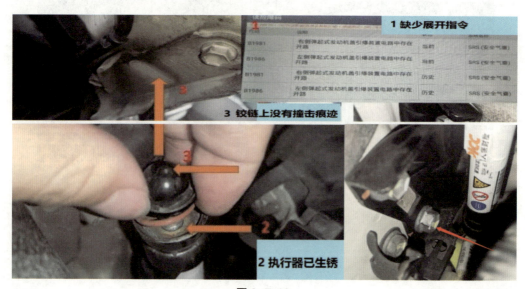

图 2-5-18

（5）知识拓展。弹出装置与铰链位置之间必然存在相应的撞击痕迹，这是客观事实。此外，部分车型在触发指令执行过程中，可能会生成相关故障码，这反映了车辆系统的某些异常状态。另外，一旦弹出装置启动，铰链部分可能会出现变形，或者锁止位置被顶开，这是装置的正常反应和可能产生的结果。

九、野马行人保护装置痕迹分析案例

（1）案件信息。奥迪 Q5 在行驶中与一辆停放的野马及卡罗拉发生碰撞，导致野马车辆左后部遭受严重损伤，前部则受到中等程度的损害，如图 2-5-19 所示。

（2）故障诊断。经过技术检测，发现车辆存在一个故障码"行人撞击事件储存已满并被锁定"，同时发现车辆的弹起装置有顶起的痕迹。

（3）关于"停放被撞是否会触发行人保护装置"以及所需采集的信息，进行如下分析：

首先，行人保护装置是一种车辆安全技术，旨在当车辆与行人发生碰撞时，减少行人所受的伤害。这种装置通常在车辆检测到与行人的碰撞时自动触发。

然而，对于车辆停放时被撞的情况，行人保护装置是否会触发，取决于具体的车辆设计和碰撞的严重程度。如果碰撞足够强烈，导致车辆传感器感知到并判断为与行人的碰撞，那么行人保护装置可能会触发。但请注意，这并非所有车型或所有情况下的必然结果。

若需要了解车辆停放被撞时行人保护装置是否触发以及触发的情况，建议采集以下信息：

① 车辆型号及年份：不同型号和年份的车辆，其行人保护装置的设计和触发机制可能有所不同。

② 碰撞的具体情况：包括碰撞的地点、时间、速度、角度等，这些信息有助于评估碰撞

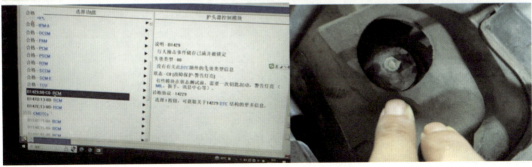

图 2-5-19

的严重程度和行人保护装置是否可能触发。

③ 车辆受损情况：包括车辆外部和内部的损伤程度，这些信息可以间接反映碰撞的强度和可能的影响。

④ 行人保护装置的状态：检查行人保护装置是否损坏或触发，这有助于直接判断其是否工作正常。

（4）案件分析。经过现场勘查，发现事故车辆的前盖并未弹起。进一步观察发现，铰链及弹起装置存在相应的使用痕迹。然而，弹起装置的实际位置异常偏低，与铰链无法接触。同时，活动滑孔出现变形现象，铰链部分遭受了二次铆钉处理，并留下明显的拆装痕迹，如图 2-5-2。所示。综合以上各项证据，可以推断出行人保护装置在本次碰撞事故前确实已触发并经过一定程度的修复处理。

（5）知识拓展。行人保护功能对车辆使用几乎不产生任何影响，但触发后的维修费用较高，因此部分车主可能倾向于选择简易维修方案。为验证行人保护功能的真实触发情况，我们采集了相关资料，包括但不限于前盖是否弹起、是否存在行人保护触发指令、铰链及行人保护装置是否与撞击痕迹相符、行人保护装置的触发高度是否达到铰链、触发位置是否有生锈等旧损痕迹、铰链是否有维修或更换记录以及配件的生产时间是否符合规定等。通过对这些数据的综合分析，可以更准确地判断行人保护功能的实际触发情况。

图 2-5-20

十、雅阁行人保护传感器检测案例

（1）案件信息。本田雅阁在行驶过程中与一只鸡发生碰撞，因此激活了车辆的行人保护装置。

（2）故障诊断。经过细致的检查，可以发现存在一项故障码，具体为"行人保护传感器内部故障或安装角度异常"，如图 2-5-21 所示。根据故障情况分析，已确认有 3 个传感器受到损害，需要进行更换。

（3）关于行人保护装置触发的问题，我们需进行深入分析以确定是否存在疑问。同时，对于相关组件是否全部需要更换，我们也需要进行详细的评估。

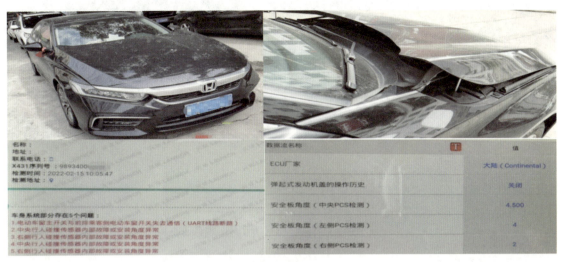

图 2-5-21

（4）案件分析。经过细致检查，行人保护装置触发正常，无须额外干预。该车型配置三点式传感器，为保障其功能稳定，必须确保内杠完好无损且无变形情况，同时，传感器的安装角度应保持在水平状态。经过专业调整，已排除行人保护传感器存在的故障问题，如图2-5-22 和图 2-5-23 所示。

（5）知识拓展。行人保护传感器分为三点式和气压式两种类型。对于三点式传感器，安装过程中必须确保其处于水平状态，以确保其正常工作和准确监测。而对于气压式传感器，则需要注意气压传感点是否受到人为损坏或扩张，以确保其正常工作和精确测量。在使用过程中，务必遵循相关规定和操作流程，确保行人保护传感器的安全性和有效性。

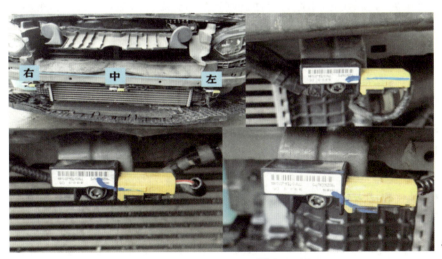

气囊替换工具案例

气囊控制单元无通信故障案例

图 2-5-22

图 2-5-23

第六节　课后训练

一、问题思考

（1）当车辆发生触发气囊的事故时，一般需要更换哪些项目？

（2）当车辆发生前部碰撞后，又被后部追尾，那么触发的安全组件（气囊或安全带）该由哪项事故来承担？

（3）使用诊断仪读取气囊系统的数据流，执行器的电阻值是多少？

（4）车辆触发行人保护装置后，一般需要更换哪些项目？

（5）哪些品牌的车型在触发气囊事故后，无须更换气囊控制单元？对于仍然存在故障的气囊控制单元可以采用什么技术去维修气囊控制单元？

（6）气囊控制单元为什么必须外壳搭铁才能正常通信？

（7）安全气囊组件触发后一般显示电阻过高或者断路的故障码，故障显示电阻过低是什么情况？

（8）安全带正常触发后一般有哪些特征？

（9）气囊正常触发后一般有哪些特征？

（10）行人保护装置正常触发后一般有哪些特征？

（11）气囊控制单元可以重复使用的有哪些品牌？

（12）气囊控制单元部分可以重复使用的有哪些品牌？这些品牌一般可以通过故障码来判断是否需要更换。

（13）非正常触发的气囊或者安全带故障，一般需要采集哪些证据来证明非本次碰撞事故造成？

（14）三点式行人保护传感器的检测注意项目有哪些？

（15）能说出碰撞传感器不需要更换的三个理由吗？

二、参考答案

（1）当车辆发生触发气囊的事故时，通常需要更换的项目包括气囊、气囊控制单元、相关线束和安全带等。具体更换项目还需根据车辆受损程度和制造商的推荐来决定。

（2）当车辆发生前部碰撞后又被后部追尾，触发的安全组件（如气囊或安全带）应由导致该组件触发的直接事故承担。如果气囊在前部碰撞中触发，应由前部碰撞事故承担；如果在后部追尾中触发，则应由后部追尾事故承担。

（3）使用诊断仪读取气囊系统的数据流，可以获取执行器的工作状态和相关参数，包括电阻值。

（4）车辆触发行人保护装置后，一般需要更换的项目包括行人保护传感器、相关线束以及可能受损的其他部件。

（5）欧系车辆品牌无须更换气囊控制单元。这些品牌通常使用高可靠性的气囊控制单元设计，能够在事故后保持功能正常。对于仍然存在故障的气囊控制单元，可以采用重新编程、更换故障部分或进行修复等技术手段进行维修。

（6）气囊控制单元必须外壳搭铁才能正常通信，这是因为气囊控制单元的通信接口采用了差分信号传输方式，需要外壳作为参考地电平，以确保信号的稳定和准确传输。

（7）安全气囊组件触发后一般显示电阻过高或断路的故障码，这是因为气囊组件中的电阻器在触发时会发生短路或断路，导致电阻值异常。如果故障显示电阻过低，可能是由于电阻器短路或线路短接等原因导致的。

（8）安全带正常触发后，一般会有以下特征：安全带收紧器会迅速启动并拉紧安全带，以减少乘客在碰撞中的移动距离；安全带警告灯可能会点亮，提示驾驶员安全带系统已触发；同时，车辆的气囊系统可能也会触发。

（9）气囊正常触发后，一般会有以下特征：气囊会在极短时间内充气展开，为驾乘人员提供额外的保护；气囊警告灯可能会点亮，提示驾驶员气囊系统已触发；同时，车辆的安全带系统可能也会触发。

（10）行人保护装置正常触发后，一般会有以下特征：行人保护传感器会检测到与行人的碰撞并触发相关保护机制；车辆可能会自动调整发动机功率或采取其他措施以减轻对行人的伤害；同时，车辆的安全气囊和安全带系统可能也会触发。

（11）气囊控制单元可以重复使用的品牌包括某些知名汽车制造商，如丰田、本田、大众等。这些品牌的气囊控制单元设计具有较高的可靠性和耐用性，可以在多次事故后仍然保持功能正常。

（12）气囊控制单元部分可以重复使用的品牌包括某些中高端汽车制造商，如宝马、奔驰、奥迪等。这些品牌的气囊控制单元设计较为先进，可以通过读取故障码来判断是否需要更换。如果故障码显示气囊控制单元内部出现故障，则需要更换整个气囊控制单元；如果故障码显示外部线路或传感器出现故障，则可以只更换相关部件而不需要更换整个气囊控制单元。

（13）非正常触发的气囊或安全带故障，一般需要采集以下证据来证明非本次碰撞事故造成：事故现场照片或视频，以展示车辆受损情况和气囊或安全带的触发状态；相关故障码和诊断数据，以证明故障与本次事故无关；制造商或专业技术人员的评估报告，以确认故障原因和排除其他可能性。

（14）三点式行人保护传感器的检测注意项目包括：检查传感器是否完好无损，无裂缝或破损；检查传感器连接线束是否完好，无短路或断路；在测试时，确保传感器能够正确检测到与行人的碰撞，并能够触发相应的保护机制。

（15）碰撞传感器不需要更换的三个理由包括：碰撞传感器具有较高的可靠性和耐用性，能够在多次事故后仍然保持功能正常；如果碰撞传感器未受到直接损坏或冲击，则不需要更换；同时，更换碰撞传感器需要专业的技术和设备，非必要时更换可能会增加维修成本和风险。

第三章　动力转向系统

第一节　基础原理

转向系统根据其动力源的不同，可划分为4种常见的类型（图3-1-1）。

转向系统介绍

图 3-1-1

（1）液力转向式（图3-1-2）。液压泵是由发动机皮带所驱动的，以执行其工作任务。当驾驶者操作方向盘进行转向时，助力泵会输出油液，这些油液在液压流体控制阀的精确调控下，被引导至相应的油道。通过这种方式，液压泵为转向系统提供必要的液压助力，使得驾驶者能够更轻松、更顺畅地完成转向操作。

主要应用：适用于低端及老旧车型的日常使用，但在新款轿车中已逐渐减少应用。

① 优点：结构简单；生产成本低；结实稳固；不易损坏。

② 缺点：低速助力小，高速助力大，与驾驶员的实际需求不符；助力较少，打方向较重；损耗一部分发动机能量。

（2）电子液力式（图3-1-3）。电子液力式系统通过精密的控制模块启动内置的液压泵，以生成稳定的液压力。随后，经过精确调节的液压油被输送至方向机，从而有效地产生转向助力。

主要应用：老款福克斯、老款奔驰等。

① 优点：转向轻便；实现随速变扭。

② 缺点：易漏油；易产生异响；助力泵易损坏；结构复杂。

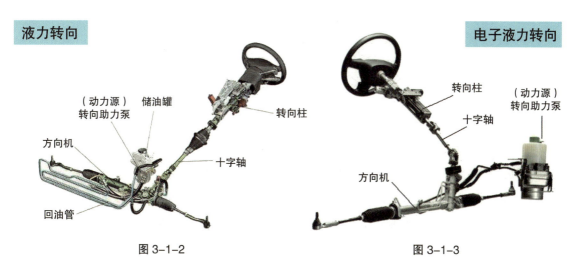

液力转向

（动力源）转向助力泵　储油罐

转向柱

方向机

十字轴

回油管

图 3-1-2

电子液力转向

转向柱

（动力源）转向助力泵

十字轴

方向机

图 3-1-3

（3）电子电动式（图3-1-4）。转向控制模块收集扭矩、车速、转向角度等信号，计算需要输出的助力，向转向电机发出保持或驱动的指令，从而实现转向助力。

主要应用：新款车型，高端车型，已基本实现新款轿车全覆盖。

①优点：随速改变助力；减少能耗；转向轻便；转向准确；主动回正。

②缺点：生产成本高；易损坏；易产生响声。

③易损坏部件：控制模块；扭矩传感器；机械（电机，轴承，齿条）；程序（过载）。

④损坏原因：碰撞；进水；自然磨损等。

（4）电子线控式（图3-1-5）。电子线控式转向系统取消了十字轴，转向柱与方向机之间没有硬连接，整个转向过程由传感器、电机、控制单元控制数据实现能量转变。

主要应用：新款英菲尼迪QX60等极少数车辆。

①优点：方向盘更稳定，路面引起的振荡不会直接传递到方向盘。

②缺点：一旦电子系统出现故障，驾驶员将无法通过方向盘操纵车辆方向，存在驾驶风险。

（5）思考问题。每个类型的转向系统技术是如何递进的？

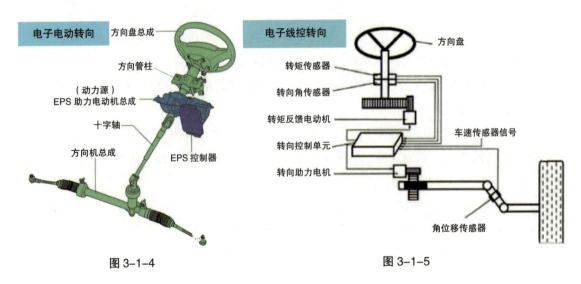

图3-1-4

图3-1-5

第二节　转向系统的结构

一、转向机械结构

用来改变或保持汽车行驶方向的一系列装置称为汽车转向系统，转向系统的最大作用是保证车辆按驾驶员的意志进行转向或者直线行驶（图3-2-1）。

动力转向系统主要由方向盘、方向管柱、十字轴、方向机等组成。

方向盘的作用是收集驾驶员的转向或直行意图。方向盘上一般安装有安全气囊、转向角传感器等部件。

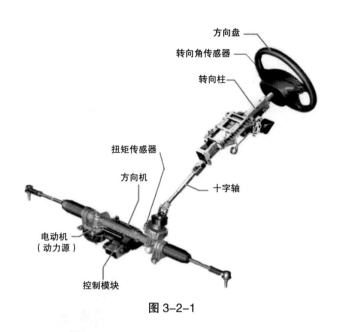

方向盘
转向角传感器
转向柱
扭矩传感器
方向机
十字轴
电动机
（动力源）
控制模块

图 3-2-1

方向管柱的作用是固定方向盘，并负责传递方向盘的转向或直行信号。部分车型的方向管柱集成动力电机和转向控制模块。

十字轴的主要作用是改变方向盘扭矩的方向，并实现转向管柱与方向机的万向连接。十字轴两端是万向节，可以改变扭矩的方向，中间位置可以上下伸缩。

方向机是施行转向的最终执行元件，通过对转向节的拉推，使车轮保持或转向。

（1）思考问题。转向系统关键部件的作用有哪些？

（2）异响定损。

首先必须明确，转向电机在运行过程中是必然产生响声的，这种响声会随着使用时间变长而逐渐变大。因此，需判断响声是碰撞造成的还是使用磨损造成的。

异响类型：按异响声音的特征可以分类摩擦型异响和间隙型（松旷型）异响。

① 摩擦型异响。摩擦型异响一般是由于机件老化、缺乏润滑等原因造成的。磨损越大，异响就越大。老化导致的异响不属于保险责任。摩擦型异响也可能是由于碰撞造成的，当碰撞力足够大且作用于方向机球头时（横向碰撞），方向机内部产生变形、移位或者轴承受损等状况，转向异响增大。

② 间隙型异响。当以较快速度原地来回转动方向盘时，会出现的"哐、哐、哐"撞击声音，这就是间隙型异响。这种异响是由于转向系统内存在间隙，在快速来回的过程中，间隙两端的零件由于运动间隙的存在而发生碰撞接触，发生响声。转向间隙在设计的时候已经存在，并在长期使用过程中，间隙变大，响声更明显。间隙型异响可能产生在转向系统内部，也可能产生在转向系统外部，底盘之间的间隙也会导致间隙型异响。因此在排查该异响时，需要注意底盘件及相关的固定螺丝是否牢固。

二、异响位置

（1）异响位置（表 3-2-1 和图 3-2-2）。

表 3-2-1

异响位置	异响原因（摩擦型）	异响原因（间隙型）
转向柱	游丝、电机问题	安装松动、小齿轮胶破损
十字轴	十字轴与防尘套摩擦	万向节松动，螺栓未打紧
方向机	齿轮齿条、电机、调整螺母过紧	齿轮齿条、转向球头、调整螺母过松
悬架	—	底盘件松动

图 3-2-2

（2）思考问题。

① 摩擦型异响和间隙型异响的排除方向有什么不同？

② 常见的人为造成因素一般有哪些？

三、异响的排查方法

检查异响，需要结合实际情况，使用不同的方法找到异响的根源（图 3-2-3）。

（1）正常行驶测试。此场景，能够判断异响是否影响正常使用，若不影响正常使用，则无须更换。转向异响是必然存在的，异响的严重程度是判断其是否需要维修的标准。

转向异响拍摄

转向异响

图 3-2-3

（2）着车原地测试。此时阻力较大，原地快速/慢速打方向，判断异响程度。同时也可以结合熄火、悬空等不同的条件测试对比，测试不同条件下异响的差别。

（3）四轮悬空测试。悬空并且熄火情况下，可以排除轮胎与地面的摩擦声音干扰，结合听诊器协助，可以较准确分辨异响的具体位置。悬空情况下，由于没有发动机响声和胎噪的影响，更有利于判断转向异响位置。

（4）手握十字轴测试。原地着车，一手打方向，一手握住十字轴，手摇感受十字轴或转向柱是否有松动。这是判断间隙型异响是源自转向柱还是十字轴的方法。

（5）手摇横拉杆测试。双手紧握两边方向机内球头，左右、前后方向用力摆动，判断球头是否松动。

（6）手摇车轮测试。左右、上下方向摆动车轮，判断车轮、悬架、轴承是否存在松动。

（7）断开十字轴悬空测试。断开十字轴后，转向柱与方向机分离，此时用手摆动车轮或者转向方向柱，可以准确分辨异响或者松动是源自转向柱还是方向机。

（8）思考问题。

① 如何排查摩擦型异响和间隙型异响？请模拟一次流程。

② 如果一台车异响你觉得比较轻微属于正常范围，而维修单位认为严重，你怎么处理？

第三节　转向电控系统

一、传感器

转向系统中两个主要传感器分别是扭矩传感器和转向角传感器，如图 3-3-1 所示。

（1）扭矩传感器。扭矩传感器是转向系统的主要传感器，它将方向盘扭矩信号转换成电信号，作为转向模块确定电动机工作功率的主要参数。扭矩传感器一般安装在方向机主动齿轮或者转向管柱上。若控制模块集成在方向机上，那么扭矩传感器也会集成在方向机上；若控制模块集成在转向柱上，扭矩传感器也会集成在转向柱上。一旦扭矩传感器损坏，整个转向系统将失去助力，甚至会导致方向盘自动转。

（2）转向角传感器。转向角传感器一般安装在方向盘下方，主要应用在车身稳定系统

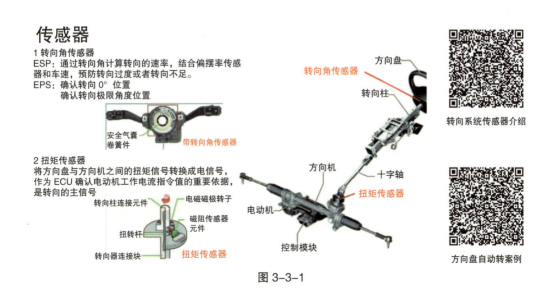

图 3-3-1

（ESP）功能上。 ESP 模块通过转向角度计算转向的速率，结合偏摆率传感器和车速，当转向过度或转向不足时，ESP 启动，对四轮的制动进行干预。对于转向系统，转向角传感器可以确认转向角度的 0° 位置是主动回正的中心位置。若 0° 位置不正确，会导致车辆跑偏。另外，转向角传感器还用于确定转向的两端极限位置。当转向角达到预设极限角度时，转向系统将会限制继续转向。部分新款车型（如新款宝马、新款君越等）取消了实体的转向角传感器，通过转向器内部的电机位置传感器计算出转向角模型。

二、动力转向系统的电路（图 3-3-2）

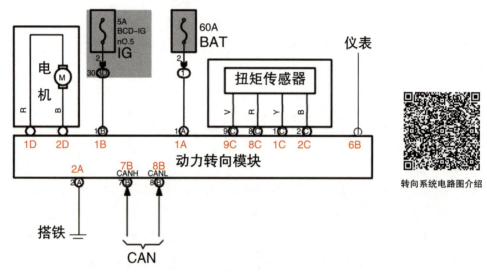

转向系统电路图介绍

图 3-3-2

动力转向系统由控制模块、电机、扭矩传感器和线束组成。

（1）供电线路。

① IG 电→保险丝→针脚 1B。

② 常电→保险丝→针脚 1A。

（2）搭铁线路：针脚 2A →搭铁。

（3）通信线路。

① CANH 针脚 7B ←→多路通信系统。

② CANL 针脚 8B ←→多路通信系统。

（4）故障亮灯。针脚 6B →仪表。

① 传感器线路：传感器 1C、2C、8C、9C → EPS 控制单元

② 执行器线路：执行器 1D、2D ← EPS 控制单元

三、线路检测

奥迪 A4L 方向机的控制模块上一共有三个插头，分别是电机供电插头、模块供电及通信

插头及扭矩传感器插头，分别对应电路图上 A、B、C 标号的插头（图 3-3-3）。

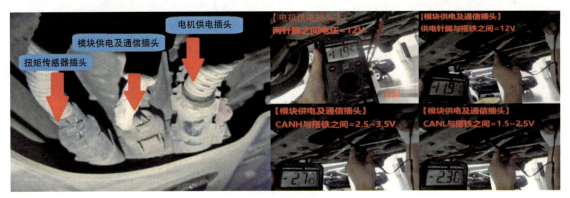

图 3-3-3

检查线路故障的方法。

① 第一步，先使用诊断仪读取故障码，确认故障。

② 第二步，根据故障的指示，先对插头的松紧及针脚进行检测，再对相应的线路进行检测，如表 3-3-1 所示。

表 3-3-1

插头	无通信故障	扭矩传感器故障
电机供电插头	两针脚 1A、2A 之间的电压为 12V	—
模块供电及通信插头	① 供电针脚 1B 与搭铁之间的电压为 12V ② CANH 与搭铁之间的电压为 2.5~3.5V ③ CANL 与搭铁之间的电压为 1.5~2.5V ④ CANH 加上 CAN L 的电压等于 5V	—
扭矩传感器插头	—	① 查针脚 ② 测量传感器与模块之间的电阻值

四、刷新固件

（1）使用大众工程师软件解决大众奥迪品牌的转向模块问题。

（2）选择正确的汽车项目进入系统（使用大众 ODIS 打印诊断报告，可以读取相应的汽车项目代码）。

（3）读取动力转向系统故障码、冻结帧（只要不涉及硬件损坏，几乎所有故障码都可以通过刷新固件来清除）。

（4）获取转向系统软件版本，并找到同版本固件，对转向系统进行刷新，如图 3-3-4 所示。

大众奥迪刷新转向系统

图 3-3-4

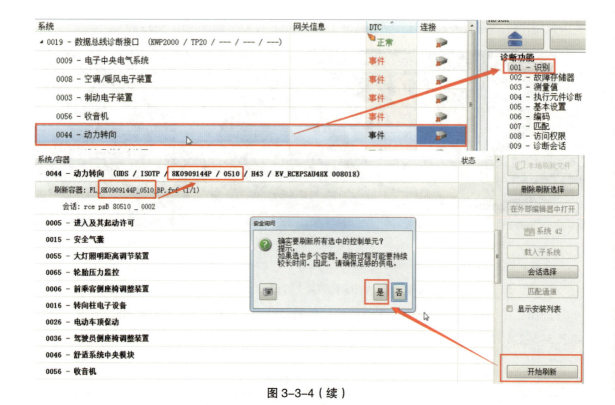

图 3-3-4（续）

五、转向跑偏与主动回正

车辆行驶时方向不回正或者跑偏，有可能是四轮定位数据异常、转向系统内部阻力过大或者转向 0° 不居中。

（1）机械原因。

主销后倾和主销内倾。当轮胎发生侧偏时，在主销后倾和主销内倾的作用下，车轮绕主销轴产生反向旋转力矩，协助车轮回正。

前束。正确的前束，能够使车辆保持直线行驶。

（2）阻力过大。

转向系统因内部变形产生阻力或者外部因素（如胎压不足、十字轴发卡等）产生阻力，这些都会影响转向的主动回正功能。

（3）系统原因。

① 主动回正。电子电动转向系统中，转向模块会采集转向角度 0° 数据，并发出指令，产生助力，让转向角度尽可能回到正中 0° 位置。

② 主动回位功能调整。当出现车辆行驶不回正或跑偏的情况，首先，检查四轮定位数据是否正常，两端的方向机内球头螺丝长度是否相等；其次，方向盘摆正，此时车轮应当同时居中，使用诊断仪读取转向角度数据流，务必是接近 0°。若不是 0°，则需要对转向角进行重新学习，如图 3-3-5 所示。

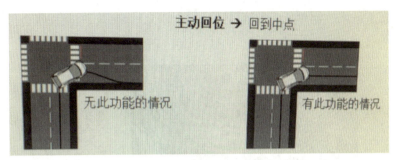

图 3-3-5

六、方向机进水形式

（1）进水路径。

① 防尘套破损进水。刮擦、老鼠咬穿、老化等原因可造成防尘套破损。

② 防尘套脱落进水。设计的锁止不完善，卡箍不紧、老化等原因可造成防尘套脱落。奥迪车型防尘套脱落很常见，是设计上的问题。

③ 防尘套无损进水。防尘套无损，但是浸泡时间较长，仍然有水从防尘套的连接位置进入轴芯。

④ 电路板泄气孔进水。长时间的浸泡，可能有水从插头的泄气孔进入控制单元板。若插头损坏，则很容易造成电脑板进水。

（2）奥迪方向机（图 3-3-6）。

图 3-3-6

进水后果（图 3-3-7）。奥迪方向机多采用共轴式，一旦水从防尘套进入轴芯内，即容易造成电机位置传感器的信号错误，方向机内部较长时间积水会导致轴芯、转子、线圈生锈。防尘套容易脱落是奥迪方向机的质量缺陷。

假如水从插头进入控制单元，即容易造成控制单元短路，长时间积水会导致控制单元发霉损坏。

奥迪方向机进水

图 3-3-7

（3）宝马方向机。

① 宝马方向机的进水形式及进水后果。

在较长时间的水泡情况下，宝马方向机也容易进水，一般是从插头位置直接进水到控制单元。进水后一旦温度升高，内部形成水蒸气，压力增加，会导致泄气孔打开，泄气孔打开后方向机与外部完全连通，大量的水直接进入方向机内部，导致电机进水生锈，控制单元进水损坏，如图 3-3-8 所示。

图 3-3-8

② 进水后的处理方式（图 3-3-9）。

a. 使用诊断仪读取故障码的生成时间、公里数。

b. 确认进水点，排查风险，并审核是否属于保险责任。

c. 由外修单元对方向机进行彻底分解清洗。

图 3-3-9

图 3-3-9（续）

第四节　案例分享

一、福克斯转向异响案例

（1）案件信息。

① 案情。福克斯碰撞左前部，左前杠、左前叶子板受损严重，左前轮也受到撞击，如图 3-4-1 所示。

② 故障。试车时发现，打方向时存在异响，异响为在特定位置有"咣"的一声，报损方向机。

③ 思考问题。

a. 异响属于哪个类型？

b. 异响发生在哪个位置？

c. 异响与碰撞事故是否相关？

图 3-4-1

（2）案件分析（图 3-4-2）。

① 转向到特定一个位置时发出"咣"一声，是金属之间的撞击声音。

② 检查异响位置。检查方向机轴芯、电机、横拉杆连接处、方向机安装螺栓处、转向中间轴及连接位置，均未发现异响。

③ 当一个人在打方向时，另外一个人摸着减震弹簧，能明显感觉到抖动，经进一步检查确认是减震座螺母移位导致。

（3）知识拓展。

① 异响排除的步骤是先确认异响类型，再检查异响位置。

② 异响测试的方法有四轮悬空、路试、原地打方向、熄火、摆动车轮等。

③ 异响的识别，可以凑近用耳听、用听诊器听、用手感觉抖动等。

④ 该异响不是传统的摩擦型或者间隙型，是转到特定位置存在金属碰撞的声音。

图 3-4-2

二、卡宴转向卡滞案例

（1）案件信息。

① 案情。保时捷卡宴，左前轮卡进水槽，石板破碎，轮胎有擦痕，未见其他明显受损位置，如图3-4-3所示。

② 故障。维修过程中，发现打方向机时有明显卡滞现象，报称方向机内部齿条变形，需要更换方向机总成。

③ 思考问题。

a. 打方向机卡滞的源头是何处？

b. 卡滞是否为碰撞事故造成？

图3-4-3

（2）案件分析。

① 确认存在卡滞现象。

② 按流程检查方向机外观，安装螺栓，调整位置，悬空四轮后未见悬架件异响。

③ 进行摆动车轮测试，发现存在卡滞现象。当断开十字轴后，再次进行摆动车轮测试，卡滞现象消失，判断卡滞位置在十字轴或者转向管柱，排除方向机。

④ 拆解后确认是十字轴万向节卡滞，重新润滑后，卡滞现象消失。

（3）知识拓展。

① 卡滞和异响均属于机械问题，对此需要对机械连接件进逐一检查。

② 本次检测采用了"悬空四轮""外观检查""摆动车轮""断开十字轴"等多种方法，如图3-4-4所示。

图 3-4-4

三、锐界异响排查案例

（1）案件信息。

①案情。单方事故，锐界行驶碰撞中间绿化带，事故造成锐界左前轮、左前悬架严重受损，如图3-4-5所示。

②故障。维修过程中发现打方向时存在明显异响，报损方向机总成。

图 3-4-5

③ 思考问题。

a. 异响是什么类型？

b. 异响发生在什么位置？

c. 异响是否由碰撞造成？

（2）案件分析。

① 确认异响，打方向时，有持续尖锐"吱吱"的声音，声调高，似球鞋与光滑地面摩擦的声音，判断有可能是橡胶件的摩擦声。

② 检查十字轴时，发现是十字轴与胶套摩擦发出的声音，润滑后异响消失。

（3）知识拓展。

① 异响声音的特质是橡胶件，重点是排除橡胶类配件。

② 转向异响涉及方向机、悬架件、转向柱等项目，需要逐一排查，如图 3-4-6 所示。

图 3-4-6

四、奥迪横拉杆松动异响案例

（1）案件信息。

① 案情。奥迪 A6L 发生碰撞，左前角及左前轮、左前杠及左前叶子板轻微变形。

② 故障。试车发现打方向时有明显异响，维修单位报称需要更换方向机总成。

③ 思考问题。异响的类型？产生异响的位置在哪里？

（2）案件分析。

① 原地打方向测试，声音特质为持续低沉的"嘎——"，异响与方向机内部摩擦声较为相像。

② 顶起车辆检查底盘时发现，转向横拉杆没有拧紧，重新拧紧后试车，异响声音大大减轻，声音在正常范围内。

五、北汽幻速跑偏案例

（1）案件信息（图 3-4-7）。

① 案情。双方事故，北汽幻速碰撞左前角，左前轮到受到撞击。

② 故障。车辆维修过程中，发现存在向左跑偏的现象，维修单位报称需要更换方向机。

③ 思考问题。

a. 车辆跑偏是否因四轮定位没有做好？

b. 是否转向角 0° 与方向盘中位不一致？

图 3-4-7

（2）案件分析。

① 四轮定位已做好，且横拉杆螺栓长度基本一致。

② 方向盘居中，读取转向角度是 34°，需要重新对中标定。

③ 标定后，跑偏现象消失。

（3）知识拓展（图 3-4-8）。

① 车辆跑偏一般是由于四轮定位没有做好。若四轮定位数据全绿仍跑偏，则需要边试车边调整横拉杆，直至车辆不明显跑偏。

② 转向角 0° 与方向机居中位置应一致。

北汽转向角标定

图 3-4-8

③ 本次测试使用"手握横拉杆""手握十字轴""摆动车轮"等方法测试，如图 3-4-9 所示。

图 3-4-9

六、奔驰转向角传感器故障案例

（1）案件信息（图3-4-10）。

① 案情。奔驰E260碰撞花坛，导致右侧车身、右前轮、右后轮受损。

② 故障。转向系统存在故障——"转向角传感器存在内部故障"，维修单位提出需要更换方向机总成。

③ 思考问题。

a. 转向角传感器安装在什么位置？

b. 故障与碰撞是否有关联？

图3-4-10

（2）案件分析。

① 经查阅资料确认，转向角传感器集成在螺旋线圈内，其故障与方向机无关。

② 进一步查阅相关网络资料，确认该故障产生原因是转向角内部的感光元件被灰尘遮挡，属于通病问题，如图3-4-11所示。

图3-4-11

③ 故障排除方法是对转向角感光元件进行人工清理。

（3）知识拓展。

① 转向角传感器故障并不会影响正常的转向助力，但是由于失去角度数据，转向系统主动回正功能失效。

② 转向角传感器除了灰尘遮挡故障外，还可能存在数据丢失、机械扯断、角度不正等故障。

七、朗逸转向角传感器机械故障案例

（1）案件信息（图3-4-12）。

① 案情。单方事故，大众朗逸碰撞左前部，左前轮及左前悬架件受损。

② 故障。读取故障——"转向角传感器，机械故障"，维修单位报称传感器集成在 ABS 泵内，需要更换 ABS 泵总成。

③ 思考问题。

a. 故障是否可以通过匹配学习修复？

b. 传感器是否集成在 ABS 泵内部？

c. 故障是否与碰撞相关？

朗逸转向角匹配

图3-4-12

（2）案例分析。

① 维修师傅将故障原因引导至横摆率速度传感器的数据流上，属于故意错误引导。

② 使用检测计划，对故障码进行检测，匹配设置后故障消失。

（3）知识拓展（图3-4-13）。

① 故障点在转向角传感器上，首先应该对转向角传感器进行检测。

② 转向角传感器要么在方向盘下方，要么已集成在方向机内。

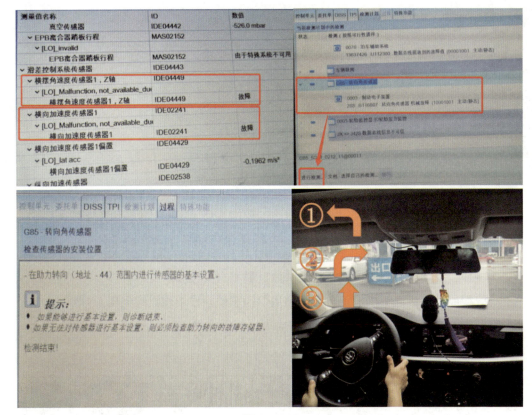

图 3-4-13

八、奥迪方向机无通信故障案例

（1）案件信息（图3-4-14）。

① 案情。奥迪A4L高速行驶过程中，发动机破裂，车辆无法行驶。

② 故障。转向没有助力，无通信，维修单位报称是机油渗入到方向机内部导致方向机损坏。

③ 思考问题。

a. 发动机是因为什么原因破裂？

图 3-4-14

图 3-4-14（续）

b. 无通信故障，属于高风险故障吗？

c. 转向线路的排查方法有哪些？

（2）案件分析。

① 无碰撞，发动机内部连杆故障打破缸体，属于自身故障。

② 检查线路，电机插头供电正常，但是通信插头的三根线均没有电压。

③ 查阅电路图，确认在右前大梁处有中转接头，重新连接后，转向恢复正常。

（3）知识拓展（图 3-4-15~3-4-17）。

图 3-4-15

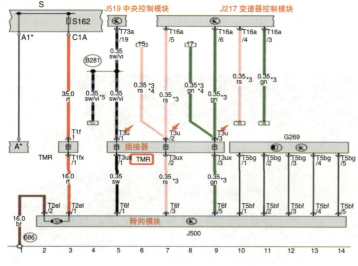

图 3-4-16

T1f	—1 芯插头连接，黑色
T1fx	—1 芯插头连接，黑色
T2el	—2 芯插头连接，黑色
T3u	—3 芯插头连接，黑色
T3ux	—3 芯插头连接，黑色
T5bf	—5 芯插头连接，黑色
T5bg	—5 芯插头连接，黑色
T6f	—6 芯插头连接，黑色
T16a	—16 芯插头连接，黑色
T73a	—73 芯插头连接，黑色
TMR	—发动机舱内右侧连接位置
686	—右纵右梁上的接地点 2

① 除水浸、模块直接碰撞破外，其他情况下的无通信故障都是高风险的。

② 无通信故障的常见原因有线路故障、进水损坏、直接撞击破损、人为高电压击穿、调包配件等。

③ 无通信线路排查主要是排查供电、搭铁和通信线路。

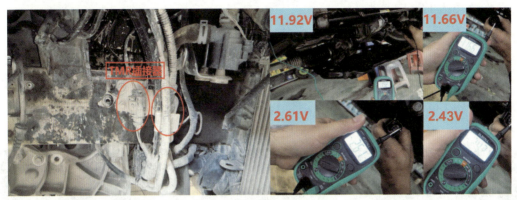

图 3-4-17

九、马自达转向模块调包案例

（1）案件信息（图 3-4-18）。

① 案情。马自达阿特兹碰撞中间石礅，左前角及左前悬架受损。

② 故障。方向机横拉杆断开，转向系统无通信，维修单位报称需要更换转向管柱总成。

③ 思考问题。

a. 碰撞车轮事故是否会导致转向模块无通信故障？

b. 无通信故障的原因是什么？

图 3-4-18

（2）案件分析。

① 供电、搭铁、通信线路均正常。

② 转向柱电机插头的标识与线束不对齐。

③ 拆解后，发现电机有水浸痕迹，与碰撞事故不相符。

（3）知识拓展（图3-4-19）。

① 对于无通信故障首先要排查线路，其次应该核实配件是否被调包或者扩损。

② 正常碰撞的转向故障码：上海通用C056D电子控制单元内部故障、荣威（名爵）C1640电机驱动电路上电失效、福特长城U3000 49ECU内部故障、大众奥迪内部故障或电子控制单元损坏（碰撞切断可以解码）、部分品牌车型还会出现方向盘自动转的故障（扭矩传感器损坏）。

图 3-4-19

十、奥迪 A4L 方向机刷程序案例

（1）案件信息（图3-4-20）。

① 案情。奥迪 A4L 与小鹏 P7 发生碰撞，奥迪右前侧受损，小鹏左后角受损。奥迪 A4L 右前杠、右前叶、右前轮受到撞击，转向失去电子助力。

② 故障。转向系统出现故障码：控制单元损坏、内部故障。

③ 思考问题。

a. 报故障码控制单元损坏是不是表示方向机损坏，需要更换？

b. 故障码是否可以通过在线编程修复？

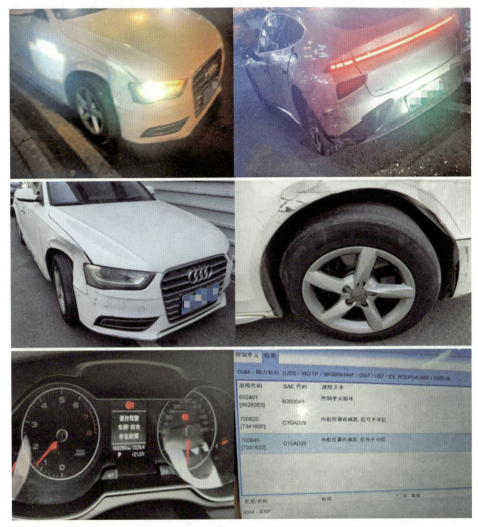

图 3-4-20

（2）案例分析。

① 使用元征 iSmartEV P01 读取故障码，记录好故障信息之后，尝试删除故障码，确认故障是当前故障还是历史故障。

② 尝试编程测试能否消除故障码。编程流程：车辆诊断→诊断界面→在线编程（连接 Wi-Fi 热点）→自动编程→转向系统→固件下载→固件安装→安装成功→熄火 30s→再启动→编程成功。

③ 常见问题。

a. 编程过程中车辆蓄电池电压要保持在 12V，电压过低时要接充电器。

b. 诊断仪需要连接 Wi-Fi。

c. 第一次编程成功后，可能故障还在，可以多尝试几次编程，操作步骤见图 3-4-21。

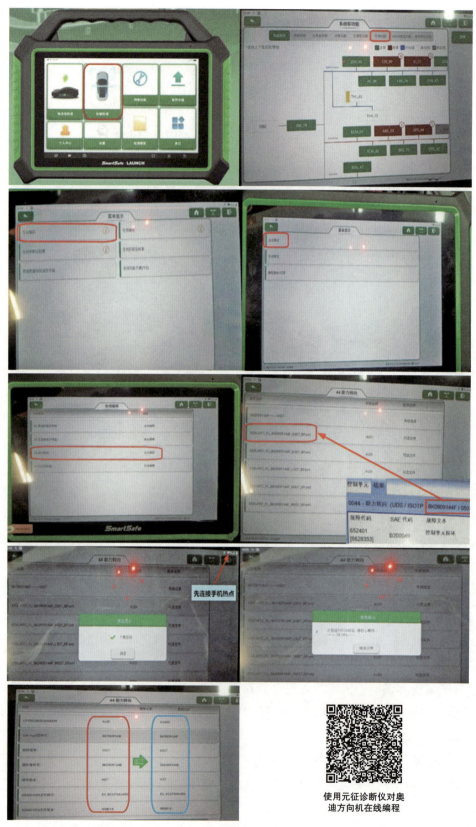

先连接手机热点

使用元征诊断仪对奥迪方向机在线编程

图 3-4-21

第五节 课后训练

一、问题思考

（1）雷克萨斯CT200碰撞左前部，定损时发现车辆无转向助力，请问如何排查是否为线路问题？

（2）线路故障排除后，转向恢复助力，但ABS显示"转向角传感器电路"，定损员在同意更换转向角传感器后发现车辆仍存在问题。

① 打方向转向时，明显感觉往一边方向转时比较重，往另一边方向转时又比较轻。

② 松开十字轴后，方向盘自动往一边方向转。请问属于机械故障还是电控故障？需要怎样通过数据流排查及使用诊断仪调整？

③ 线路图见图3-5-1。

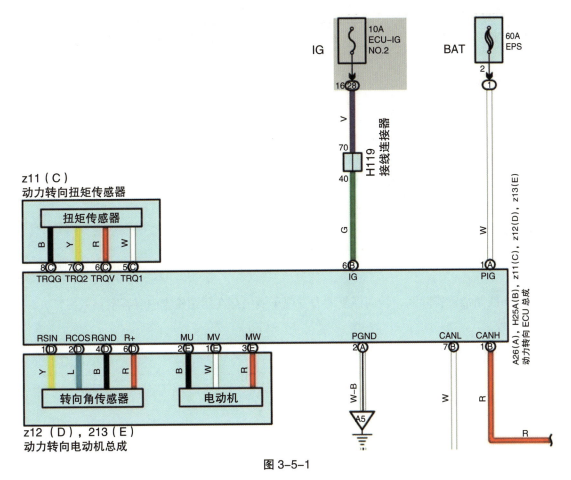

图 3-5-1

④ 雷克萨斯线路故障排查检查内容。

a. 点火开关在_____挡，使用万用表直流电20V挡测量线路。

b.测量IG供电：万用表正极接_____插头，_____号针脚，负极接_____，电压一般为_____V。

c.测量常电源供电：万用表正极接_____插头，_____号针脚，负极接_____，电压一般为_____V。

d.测量搭铁：万用表正极接_____插头，_____号针脚，负极接_____插头，_____号针脚，电压一般为_____V。

e.测量通信线CANH电压：万用表正极接_____插头，_____号针脚，负极接_____。

f.测量通信线CANL电压：万用表正极接_____插头，_____号针脚，负极接_____。

g.CANH电压+CANL电压应该等于_____V。

注意：最终测量结果必须与实际相符。

⑤线路故障排除后，转向恢复助力发现车辆仍存在问题，检查内容如下。

a.方向盘自动旋转，说明该故障属于_____系统故障。（2分）

b.检查数据流转向角度。当_____时（1分），_____（1分）。

c.检查数据流转向扭矩。当_____时（1分），_____（1分）。

d.对扭矩传感器进行_____（1分），对转向角传感器进行_____数据校准（1分）。

二、答案

（1）雷克萨斯线路故障排查检查内容答案。

a.NO。

b.A、1、搭铁（地）、10.5~14。

c.B、1、搭铁（地）、10.5~14。

d.A或B、1、B、2、10.5~14。

e.A、7、搭铁（地）。

f.A、8、搭铁（地）。

g.5。

（2）线路故障排除后，转向恢复助力发现车辆仍存在问题检查内容答案。

a.电控。

b.方向盘居中/车轮摆正、转向角为0°。

c.静止、扭矩是否接近0°。

d.零点调整、转向角学习。

第四章　辅助驾驶系统

第一节　基础原理

辅助驾驶系统由车距传感器、盲点传感器、车道偏移摄像机、360 全景摄像头和激光雷达等多个系统组合而成（图 4-1-1）。

辅助驾驶系统介绍
图 4-1-1

第二节　车距传感器

一、工作原理

车距传感器安装在车辆的前部位置，向前方发射微波信号，检测与前方障碍物的距离。车距传感器的安装角度十分考究，一般需要正向前方，若传感器倾斜或脏污，会影响传感器正常工作。传感器一般留有调节螺栓，用来调节传感器角度，如图 4-2-1 所示。

图 4-2-1

二、电路图（图 4-2-2）

（1）供电线路。IG 电→保险丝→针脚 5。

（2）搭铁线路。针脚 1→搭铁。

（3）通信线路。

① CANH 针脚 2 ←→多路通信系统。

② CANL 针脚 3 ←→多路通信系统。

（4）执行器线路。针脚 4→蜂鸣器。

（5）传感器线路。集成在内部。

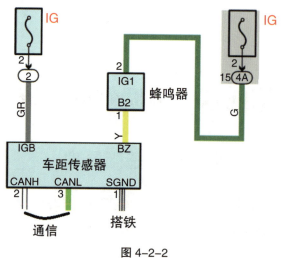

图 4-2-2

第三节 盲点传感器

一、工作原理（图 4-3-1）

盲点传感器的工作原理与车距传感器一样，都是通过发射微波信号，检测左前侧及右前侧、左后侧及右后侧是否存在障碍物。盲点辅助系统由左后及右后两个传感器协同工作，安装在车辆的左后角及右后角位置。一般来说一个为主模块，另一个为从模块。

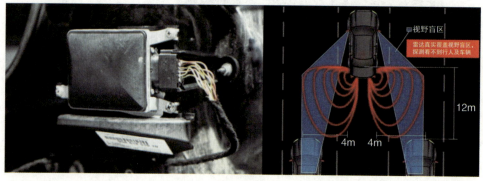

图 4-3-1

二、电路图（图 4-3-2）

（1）供电线路。IG 电→保险丝→针脚 5。

（2）搭铁线路。针脚 10 →搭铁。

（3）通信线路。

① CANH 针脚 1 ←→多路通信系统。

② CANL 针脚 6 ←→多路通信系统。

（4）执行器线路。

① 针脚 3 →蜂鸣器→ IG 电。

② 针脚 4 →左前门控制模块。

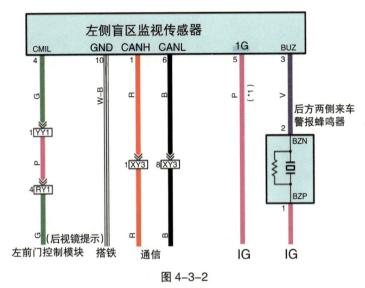

图 4-3-2

（5）传感器线路。集成在内部。

三、思考问题

（1）车距传感器与盲点传感器有什么不同？

（2）在保险事故中，车距传感器的常见故障有哪些？

（3）当其中一个盲点传感器损坏，另外一个是否会受到影响？

（4）车距传感器是经常被扩损和调包的零件，定损时需要注意哪些事项？

第四节　车道偏移摄像机

一、工作原理

车道偏移摄像机安装在前挡玻璃处，负责拍摄前方路面的影像信息，并从影像中获取车道线信息，如图 4-4-1 所示。

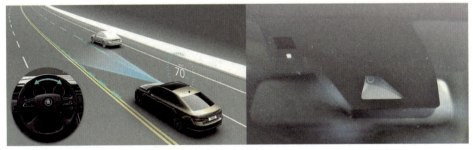

图 4-4-1

二、电路图（图 4-4-2）

（1）供电线路。

①IG 电→保险丝→针脚 4。

②常电→保险丝→针脚 1。

（2）搭铁线路。针脚 12→搭铁。

（3）通信线路。

①CANH 针脚 9 ←——→ CAN 总线。

②CANL 针脚 3 ←——→ CAN 总线。

（4）传感器线路。集成在内部。

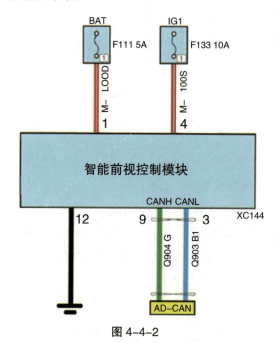

图 4-4-2

第五节　案例分享

一、理想 ACC 路试标定指引案例

（1）案件信息（图 4-5-1）。

①案情。理想 ONE 追尾前方大众，造成本车前杠中间位置轻微受损。

②故障。ACC 松脱掉下，支架变形；故障码显示"车间调整不正确"，报称需要更换 ACC。

③思考问题。

a. ACC 是否被调包？

b. ACC 是否可以调校？

图 4-5-1

（2）案件分析。

① 故障码显示"车间调整不正确"，说明 ACC 需要重新标定。

② 测量 ACC 倾斜角度（标准值水平 ±1.8°）。

③ 路试标定，按规定的驾驶条件行驶校准数据。

（3）知识拓展（图 4-5-2、图 4-5-3）。

① ACC 在碰撞过程中一般不容易损坏。

② 碰撞可能导致 ACC 角度偏差，需要校正角度后，重新标定数据。

③ 标定的方式一般有路试标定和标靶标定两种方式。

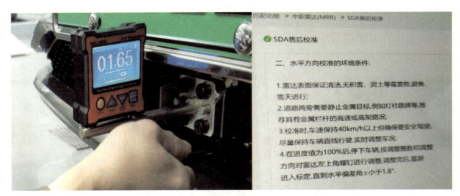

图 4-5-2

图 4-5-3

④ 标定时需要严格按照厂家的流程处理，错误的细节可能导致标定失败。

⑤ 多尝试标定几次。

二、卡罗拉 ACC 标靶标定案例

（1）案件信息（图 4-5-4）。

① 案情。双方事故，丰田卡罗拉前部中度碰撞，前盖、中网位置受损。

② 故障。故障码显示"前雷达传感器光束未对准故障"，报损需要更换 ACC。

③ 思考问题。

a. ACC 是否可以重新校准？

b. 是否存在其他人为风险？

图 4-5-4

（2）案件分析。

① 重新校准。如图 4-5-5 所示，在车辆正前方 3m 处放置标靶→反光镜与中网等高→使用原厂诊断仪进行前光束轴调整（1min 内完成）。

② 重新标定后，故障排除。

图 4-5-5

（3）知识拓展（图 4-5-6）。

① ACC 校准需要严格按照厂家流程进行标定。

② 遇到问题可以根据反馈的原因多标定几次。

③ 注意周边是否存在金属或者人为因素等干扰标定。

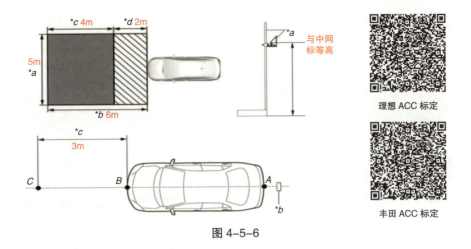

理想 ACC 标定

丰田 ACC 标定

图 4-5-6

三、雷克萨斯 ACC 角度校正案例

（1）案件信息（图 4-5-7）。

① 案情。雷克萨斯 IS250 前部碰撞，前杠、中网受损。

② 故障。ACC 无故障码，但维修单位报称无法检测前方车辆，需要更换 ACC。

③ 思考问题。

a. ACC 无故障，但是无法检测前方车辆，是什么原因？

b. ACC 是否需要校准标定？

图 4-5-7

（2）案件分析。

① 试车发现 ACC 不能检测到正前方车辆，但是能检测到右前方车辆。

② 检查发现 ACC 向右侧倾斜，说明 ACC 功能正常，由于角度向右，导致只能检测右前车辆。

③ 使用撬棍将 ACC 角度校正。

④ 试车测试，可以正常检测到正前方。

（3）知识拓展（图 4-5-8）。

① 老款雷克萨斯、皇冠等车型的 ACC 要求不高，只需要校正好大概角度，ACC 就可以正常使用，而新款丰田车辆则需要使用标靶进行校准。

② 该车型的 ACC 支架容易变形，对于严重变形的，需要先拆支架下来修复，再安装在车上校正。

图 4-5-8

四、吉利 ACC 扩损案例

（1）案件信息（图 4-5-9）。

① 案情。吉利帝豪 GS 前部碰撞严重，ACC 脱落。

② 故障。经检查发现 ACC 存在无通信故障，维修单位报损更换 ACC。

③ 思考问题。

a. ACC 无通信故障属于高风险故障吗？

b. 需要排查线路、内部损失及调包风险吗？

（2）案例分析。

① ACC 未受到直接挤击，但是由于其固定在前杠内骨上，因此脱落属于正常情况。

图 4-5-9

② 车辆生产日期为 2017 年 11 月，ACC 生产日期为 2017 年 8 月 1 日，生产时间基本相符，如图 4-5-10 所示。

图 4-5-10

③ 经检查发现 ACC 针脚全部断裂，但插头位置却没有任何破损，判断 ACC 被人为扩损。

（3）知识拓展（图 4-5-11）。

① 无通信故障属于高风险故障。

② ACC 一般安装在前杠下格栅、中网标或者前杠中间位置，在前部碰撞事故中极容易撞到，因此也成为扩损、调包的高风险项目。

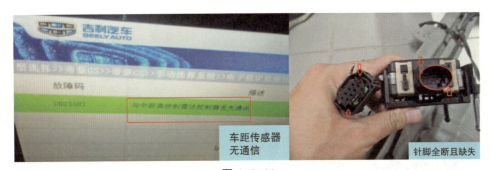

图 4-5-11

五、魏派 ACC 调包案例

（1）案件信息（图 4-5-12）。

① 案情。魏派 VV5 碰撞左前角，前杠、大灯受损、前下格栅破裂。

②故障。ACC没有直接撞击，但ACC上方的反光镜片破损；车距系统存在多个故障码，但是未发现关于自身的故障码。

③思考问题。

a. 镜片未受到直接撞击就破损，存疑？

b. 车距系统与多个系统存在校验错误，推测可能是不匹配？

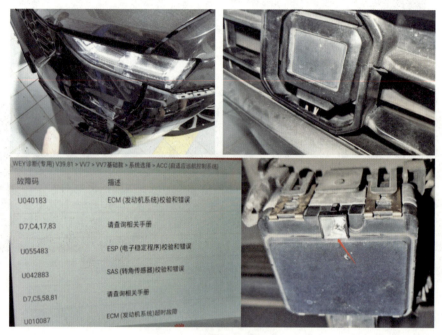

图 4-5-12

（2）案件分析。

① 没受撞击，上方镜片破碎，没有对应碰撞物。

② 故障码显示"ECM 校验和错误"，说明 ACC 身份存在疑问。

③ 无法通过 ECM 的验证，存在极大调包风险。

④ 在后座上找到另外一个 ACC，经核对原厂信息，证明此 ACC 才是原车上的配件。

（3）知识拓展（图 4-5-13）。ACC 调包或者扩损是常见操作，需要核实安装位置、标签信息、表面痕迹等。

图 4-5-13

六、途观 L ACC 芯片烧坏案例

（1）案件信息（图 4-5-14）。

① 案情。大众途观 L 前部严重碰撞事故，前盖、前杠、中网、大灯受损。

② 故障。中网标撞飞，ACC 已被撞倾斜，但是表面无损，存在无通信故障，维修单位提出需要更换 ACC。

③ 思考问题。

a. ACC 无通信故障是否合理？

b. 故障时间与出险时间是否相符？

c. 是否存在其他人为因素？

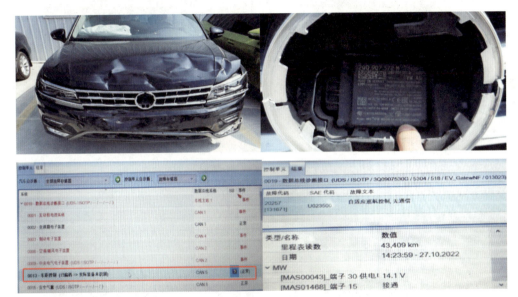

图 4-5-14

（2）案件分析。

① ACC 外观损坏，无通信故障，存在疑问。

② 故障码被删除过，时间被刷新，无法核实。

③ ACC 的生产时间与车辆生产日期较为相符。

④ 拆解发现内部 7 个针脚均存在严重烧坏情况，但是其他 3 个是空置针脚，即使电流过大，3 个空置针脚也不会烧坏。

（3）知识拓展。

① 故障码需要第一时间读取，不要被人为删除。

② ACC 外观、内部都需要检查。

③ 排除生产日期等时间信息，如图 4-5-15 所示。

图 4-5-15

七、瑞虎盲点传感器线路扩损案例

（1）案件信息（图 4-5-16）。

① 案情。奇瑞瑞虎 8 被追尾，车身后部严重受损，尾门受损严重。

② 故障。左、右两侧的盲点传感器没有碰撞，但是显示其故障。

③ 思考问题。

a. 需要重新校准？

b. 与碰撞是否相关？

图 4-5-16

（2）案件分析。

① 碰撞位置与故障位置不一致。

② 经检查线路发现，传感器线路断裂，断裂口为利器整齐切断。

（3）知识拓展（图4-5-17）。

① 盲点传感器一般安装在左后角和右后角。

② 盲点传感器有时也需要标定校准。

图 4-5-17

八、雷克萨斯变道传感器插头未接案例

（1）案件信息（图4-5-18）。

① 案情。双方事故，雷克萨斯 LX570 碰撞右后角，后杠、后围板受损。

② 故障。右侧副盲点传感器表面无受损，存在无通信故障。

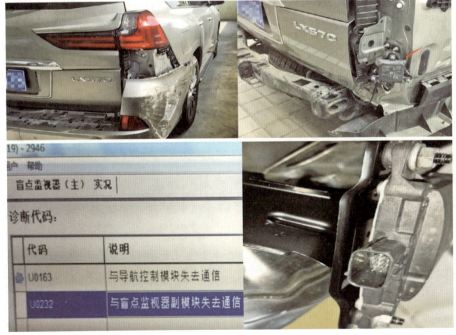

图 4-5-18

③ 思考问题。

a. 右盲点传感器无通信故障是否合理？

b. 需要如何排查无通信故障？

（2）案件分析。

① 盲点传感器表面无损，无通信故障不太合理。

② 经检查发现左侧传感器与右侧传感器中间的连接插头没有插好。

（3）知识拓展（图4-5-19）。

① 左、右盲点传感器存在中间连接线路。

② 左边是主模块，右边是从模块。

图 4-5-19

九、马自达盲点传感器换右必须同时换左案例

（1）案件信息（图4-5-20）。

① 案情。马自达阿特兹发生右后角碰撞事故，造成右后盲点传感器破损。

② 故障。维修单位提出更换右边的盲点传感器的同时必须更换左边的盲点传感器，否则无法正常工作。

③ 思考问题。

a. 为什么换右的同时要更换左边？

b. 有其他解决方法吗？

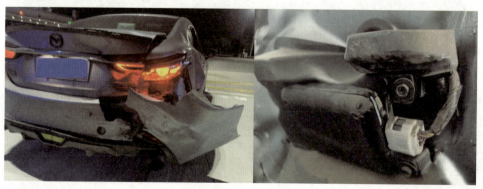

图 4-5-20

（2）案件分析。

①厂家说明，由于后续车辆升级了盲点模块，当更换右侧传感器时，左侧旧主模块将无法识别右侧的新从模块；但是当更换左侧新主模块时，是可以识别旧的右侧从模块的，因此存在换右必须换左的情况。

②公告日期是2017年8月30日，因此也可以确认在该时间后生产的车辆是使用新模块的，因此告知后的车型不存在换右必须换左的情况。

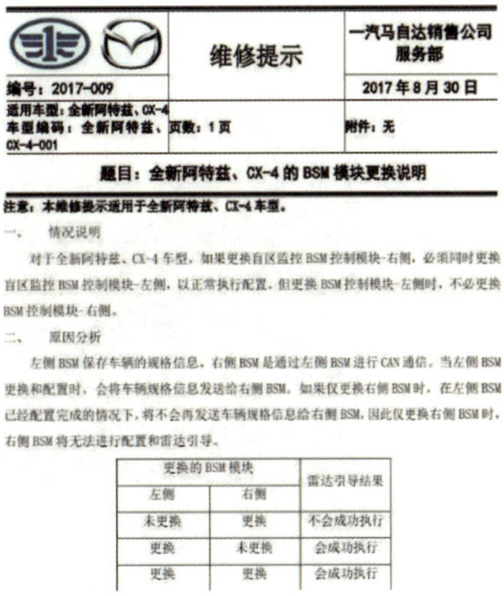

（3）知识拓展（图4-5-21）。

①左、右盲点传感器有主从之别。

②马自达换右必须换左的说法仅适用换代前的车型（约2017年8月以前）。

③建议先单独更换右侧后进行测试。

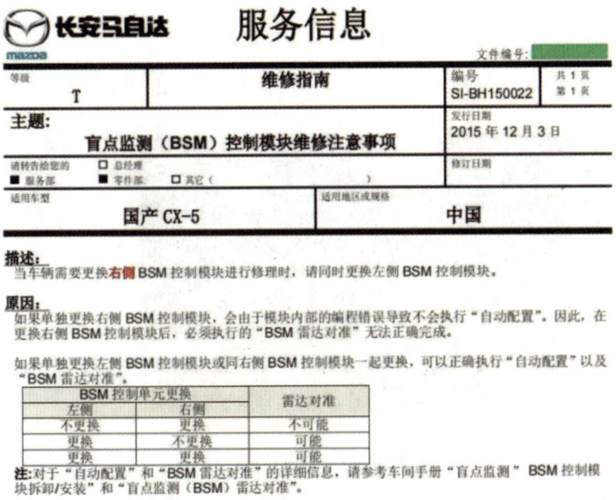

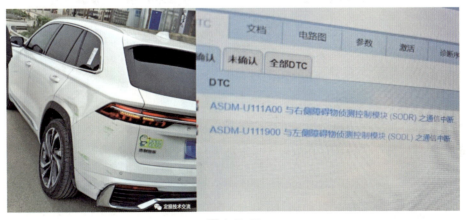

图 4-5-21

十、吉利盲点传感器左右互调案例

（1）案件信息（图4-5-22）。

图 4-5-22

① 案情。吉利博越左后侧车身发生碰撞事故，左身钣金件轻微变形。

② 故障。维修时发现盲点传感器存在无通信故障，报称需要更换左、右盲点传感器。

③ 思考问题。

a. 盲点传感器故障是否合理？

b. 左、右两边同时损坏的可能性存在吗？

c. 如何排除故障？

（2）案件分析。

① 盲点传感器线束断裂对应的保险杠位置没有挤压痕迹，线束断裂不合理。

② 生产时间相符合，但是配件时的色笔标记不一致。

③ 左、右对调后恢复正常。

（3）知识拓展（图4-5-23）。

① 左侧为主模块，右侧为从模块。

② 主模块和从模块的硬件一样，只是购买后写入的程序不一样，且支持重新编写。

图4-5-23

十一、凯美瑞盲点传感器贴标案例

（1）案件信息（图4-5-24）。

① 案情。双方事故，丰田凯美瑞右后侧轻微受损。

② 故障。右后盲点传感器存在故障，报损需要更换右后盲点传感器。

③ 思考问题。

a. 盲点传感器故障是否合理？

b. 如何处理该故障？

图 4-5-24

（2）案件分析。

① 盲点传感器上标有标签，标签遮挡信号，会导致传感器无法正常工作，需要清除标签。

② 使用标靶重新标定传感器，故障排除。

（3）知识拓展。

① ACC 或盲点传感器都不能在信号发射区域贴标签，如图 4-5-25 所示。

② 盲点传感器也需要角度调整和用诊断仪校准，如图 4-5-26 所示。

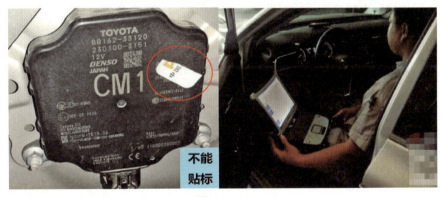

图 4-5-25

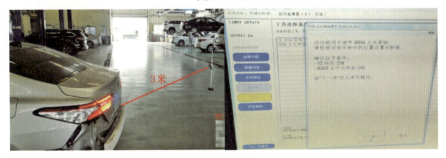

图 4-5-26

十二、奕泽车道偏移摄像机标定案例

（1）案件信息（图4-5-27）。

① 案情。丰田奕泽，前挡玻璃被飞石击破。

② 故障。更换玻璃后，报称需要重新校准车道保持摄像机。

③ 思考问题。更换前挡玻璃都需重新校准车道偏移摄像机吗？

图4-5-27

（2）案件分析（车道偏移摄像机标定，图4-5-28）。

① 标靶。在车辆正前方规定位置摆放标靶。

② 依次在图4-5-28中1、2、3位置进行标定操作。

（3）知识拓展。更换前挡玻璃可能导致摄像机的角度有所改变，即使没有故障，也建议重新校准。

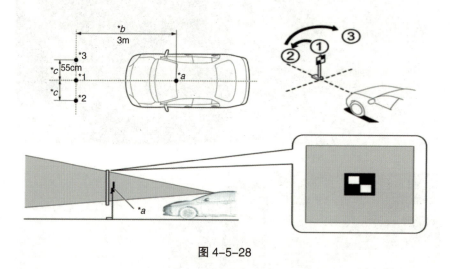

图4-5-28

十三、A8夜视摄像机无通信案例

（1）案例信息（图4-5-29）。

① 案情。奥迪 A8 涉水行驶，发动机进水熄火，现场水位较低，未淹到车底。

② 故障。夜视系统存在故障码"由于丢失信息功能受到损害"，报损称短路烧坏摄像头。

③ 思考问题。

a. 摄像头安装在前挡玻璃内，水浸是否会使其损坏？

b. 如何排查处理？

图 4-5-29

（2）案件分析。

① 安装在前挡玻璃内的摄像头不是变道偏移摄像机而是夜视摄像头。

② 除了夜视摄像头外，ACC 也没有通信。

③ 经分析，判断是整个影像回路没有通信，检查发现车底的图像处理模块没有安装好。

（3）知识拓展（图 4-5-30）。

① 奥迪老款车型配置了 ACC 和夜视系统，其图像信息都是由图像处理模块处理。

② 影像系统使用光纤信号传输，在电路中形成一个完整的环形回路，一旦中间某处断裂，

简介	
名称	摄像头控制单元 J852
安装位置	挡风玻璃，车内后视镜支座上方
作用	– 大灯照明距离平顺调节 – 车道保持辅助系统
诊断地址	85

编码4G0 907 107

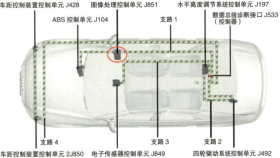

图 4-5-30

整个影像系统将无法通信。

第六节　思考问题

（1）为排查是否调包，车距传感器的外观信息需要采集哪些？

（2）车距传感器的标定方法一般有哪几种？

（3）能说出车距传感器的校准流程吗？

（4）主变道辅助传感器和从变道传感器发生故障有什么不同之处？

（5）遇到换左必须换右时，需要核对哪几个信息？

第五章 制动系统

第一节 基础原理

一、制动系统的构造及原理

制动系统主要由制动踏板、真空助力器、制动总泵、制动分泵、手刹线、ABS 泵等组成（图 5-1-1）。

电子制动控制系统主要由 ABS 泵（含 ABS 控制单元、阀体、液压泵）、轮速传感器等组成。

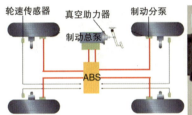

制动系统工作原理　　ABS 泵工作原理

图 5-1-1

二、电子制动系统的工作原理

（1）防抱死制动系统。正常制动时，ABS 不参与制动工作。当驾驶员踩下制动踏板时，真空助力器借助发动机负压作为助推力，推动制动总泵内的制动液，经过 ABS 泵分配到四个车轮的制动分泵，从而实现车辆制动。

紧急制动时，当轮速传感器监测到有车轮出现抱死打滑的情形时，ABS 介入制动工作。ABS 控制单元通过控制液压泵改变制动系统的压力，实现保压—减压—增压不断循环过程，使车轮达到最佳的制动效果。

（2）电子手刹系统。驾驶员拉动手刹拉杆，通过手刹线拉紧制动钳，实现驻车制动的功能。近年来，电子手刹已逐步取代了原始的机械手刹。电子手刹由手刹按键、手刹模块、手刹拉索、手刹电机等组成，可以实现自动驻车功能。

（3）其他电子系统。随着汽车技术的发展，ABS 的功能也得到拓展，如车身稳定系统（ESP/ESC）、电子差速锁（EDS）、驱动防滑系统（ASR/TCS）、电子制动力分配（EBD/EBL）、制动性能监控系统（BPM）、防侧翻稳定控制（RSC）。

三、思考问题（图 5-1-2）

（1）ABS 泵在普通制动和防抱死制动方面的作用有何区别？

（2）ESP、EDS、ASR、EBD、BPM、RSC 的工作原理是什么？

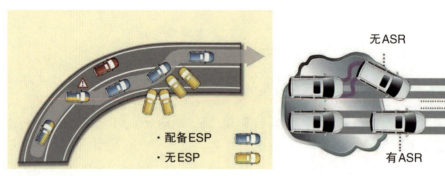

图 5-1-2

四、电子制动系统的电路图

ABS 的电路图主要由 ABS 控制单元、轮速传感器、ESP 开关、真空传感器、驻车开关、制动液位开关、转向角传感器、电路等组成，如图 5-1-3 所示。

（1）供电线路。

① 控制单元供电。IG 电→保险丝→针脚 28。

② 电机供电。常电→保险丝→针脚 1。

③ 阀体供电。常电→保险丝→针脚 25。

（2）搭铁线路。

① 针脚 13 →搭铁。

② 针脚 38 →搭铁。

（3）通信线路。

① CANH 针脚 26 ←→多路通信系统。

② CANL 针脚 14 ←→多路通信系统。

（4）传感器线路。

① 轮速传感器（供电 19、16、31、17，信号 8、4、18、29）←→ ABS 控制单元。

② 真空传感器（供电 5、信号 12、接地 24）←→ ABS 控制单元。

（5）执行器线路。

① 电机←→ ABS 控制单元。

② 阀体←→ ABS 控制单元。

（6）其他信号。

① 制动灯开关信号 30 ←→ ABS 控制单元。

② VDC 开关信号 15 ←→ ABS 控制单元。

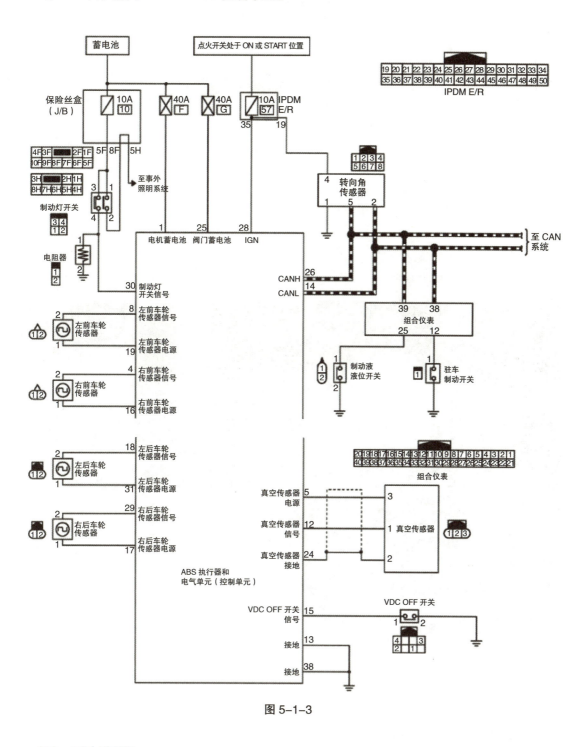

图 5-1-3

五、思考问题

（1）为什么 ABS 泵有 3 个供电线和 2 个搭铁线？

（2）ABS 泵故障会导致车辆行驶时出现什么问题？

（3）对于 ABS 泵无通信、ABS 泵电机供电故障、ABS 泵阀体供电故障分别需要检查哪里？

（4）轮速传感器故障，其可能的原因有哪些？

第二节 案例分享

一、帕萨特 ABS 泵故障时间不符合案例

（1）案件信息（图 5-2-1）。

① 案情。福特嘉年华追尾停放的大众帕萨特，事故造成嘉年华前部受损，帕萨特后部受损。

② 故障。ABS 泵存在故障，报称需要更换 ABS 泵总成。

③ 思考问题。

a. 后部碰撞事故，是否会造成 ABS 泵损坏？

b. ABS 故障是否可以修复？

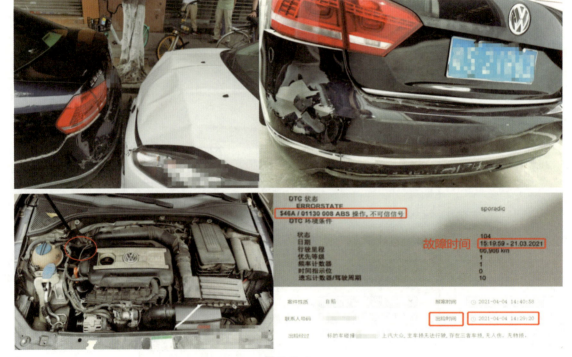

图 5-2-1

（2）案件分析。

① 后部碰撞事故与安装在发动机舱的 ABS 泵没有关联性。

② 故障码显示的"ABS 操作，不可信信号"无法使用诊断仪排除。

③ 故障码的时间早于出险时间，判断故障与本次碰撞事故无关。

（3）知识拓展。

① ABS 泵故障并不影响车辆的制动性能，因此部分车主会选择不维修。

② 部分品牌车型存在 ABS 故障通病。

二、雅阁 ABS 泵保险丝熔断案例

（1）案件信息（图 5-2-2）。

① 案情。双方事故，本田雅阁右前角受损较严重，前杠、右前大灯、右前叶子板受损。

② 故障。发动机舱线束多处断裂，已更换新件；ABS 泵轻微磕碰，且存在无通信故障。

③ 思考问题。无通信故障都是高风险故障吗？

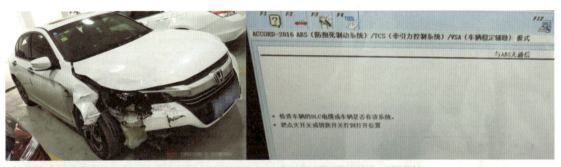

雅阁 ABS 无通信案例

图 5-2-2

（2）案件分析。

① 使用万用表检测，ABS 泵的电机和阀体的供电电压均为 0V，说明线路存在断路。

② 进一步排查，发现是保险丝熔断。

（3）知识拓展（图 5-2-3）。

① ABS 泵一般有 3 个供电线路，分别是电机供电、阀体供电和 IG 供电。

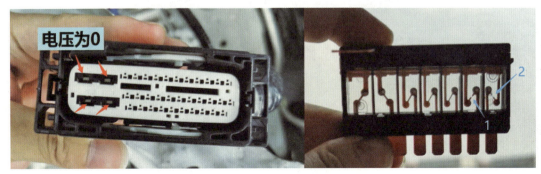

图 5-2-3

② 存在 3 个供电线路，因此也有 3 个保险丝。

三、歌诗图 ABS 泵针脚脱焊通病案例

（1）案件信息（图 5-2-4）。

① 案情。本田歌诗图被追尾，事故造成该车尾门中度变形，后杠轻微受损。

② 故障。ABS 系统存在"电磁阀故障"，维修单位报称需要更换 ABS 泵。

③ 思考问题。

a. ABS 泵故障与碰撞是否相关？

b. 如何排查"电磁阀故障"？

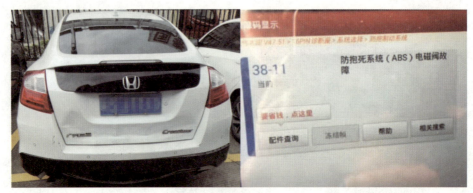

图 5-2-4

（2）案件分析。

① 后部碰撞与 ABS 泵没有关联。

② 经检测，阀体的供电、搭铁均正常。

③ 查阅资料后，发现本田车型存在通病"ABS 泵针脚脱焊"。

④ 处理方法是清除全部针脚后，重新焊接处理。

（3）知识拓展（图 5-2-5）。

① 本田雅阁、歌诗图、奥德赛等车型存在 ABS 泵针脚脱焊的通病。

② 对于非直接碰撞的 ABS 泵故障，都需要分析故障的合理性。

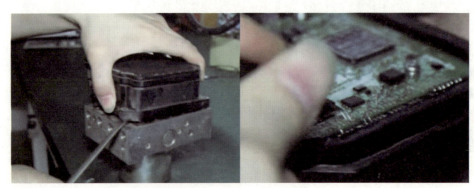

本田 ABS 泵针脚
脱焊通病

图 5-2-5

四、丰田 ABS 泵数据丢失案例

（1）案件信息（图 5-2-6）。

①案情。丰田霸道被奔驰侧撞，发生侧翻事故，造成左侧车身及车顶受损。

②故障。车身稳定故障灯亮，故障码显示"ECU 初始设置未完成"。

③思考问题。

a. ABS 泵没有碰撞挤压，与碰撞事故是否相关？

b. 故障能否删除？

图 5-2-6

（2）案件分析。

查阅资料，发现有两种解决方法。

①原厂诊断仪处理方法：测试模式→重置记忆，如图 5-2-7 所示。

②短接 OBD 插口的 4 号和 12 号针脚→按住坡道辅助按钮，同时打开点火开关，等待

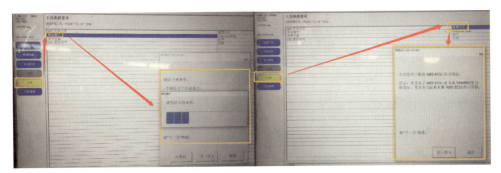

图 5-2-7

10s，如图 5-2-8 所示。

（3）知识拓展。

①常见数据丢失：转向角数据、ABS 数据、12V 锂电池的数据。

②数据丢失的原因：长时间断电、不规范的拆装、设计缺陷。

③解决方法：重新写入数据（第三方）。

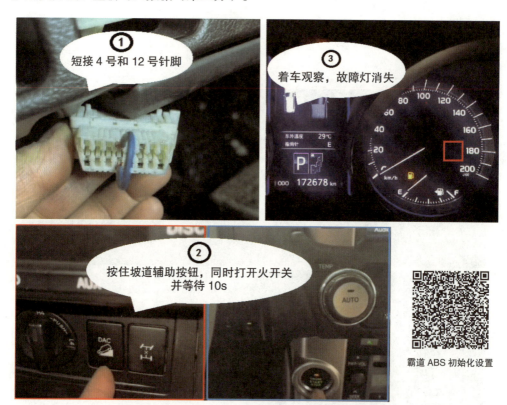

图 5-2-8

第三节 课后训练

（1）丰田混动报制动泵电机故障、C1252 制动助力泵电机接通时间异常、C1253 泵电机和 C1256 储能器低压等故障的原因是什么？

（2）大众帕萨特、速腾等换蓄电池导致 ABS 泵数据丢失，该如何处理？

（3）标致 2008、3008、301，雪铁龙爱丽舍（2014—2016 年）搭电，导致 ABS 泵数据丢失，该如何处理？

（4）福克斯 2013 款更换了拆车件后，无法通信，拆车件本身是正常的，请问如何处理？

第六章　水淹车处理

第一节　水淹车的处理流程

一、水淹等级定义

各保险公司可能在水淹车定级上存在差异，为方便处理水淹车，笔者将水淹车的水淹高度分为6级，并列出可能受损的对应项目，通过水位线，快速预判可能造成的损失情况。对于电器设备多的车辆，可以借助第三方软件（如EPC结构图）核实车辆的配置和电器件的位置。

二、水淹等级（表6-1-1和图6-1-1）

表 6-1-1

水淹等级	水位线	损失情况及处理措施
1级	潮湿或少量进水	无须拆装座椅、地毯
2级	地毯	拆装座椅、地毯、车厢底部控制单元等
3级	座椅底以上	气囊控制单元、开关、座椅电机、座椅电脑等
4级	座椅面以上	空调开关、挂挡杆、车身控制单元、门控开关等
5级	方向盘下沿以上	仪表、显示屏、气囊等
6级	仪表面以上	顶篷、车顶气囊等

图 6-1-1

三、设置水淹等级的意义

（1）便于对水淹水位线的准确交流，在大灾批量清单作业时，统一的水淹分级能够扫除定损与审核之间交流的障碍。

（2）根据水淹等级，可以在理赔系统中给出相应水位线的指引损失金额。

（3）水淹等级有助力于对水淹损失程度进行有效区分。

四、思考问题

（1）能说出水淹车的水淹等级划分吗？

（2）能分别列出2、3、4级水淹可能涉及的电器损失吗？

（3）如果车身内外都没有明显水位线，则如何判断？

（4）现在很多车辆以水位线为基础进行包干处理，水位线判断是否准确影响大吗？

五、水淹车的定损处理流程（图6-1-2）

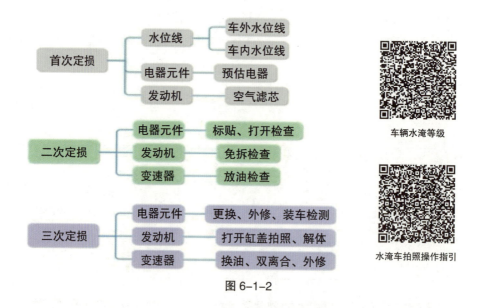

图 6-1-2

车辆水淹等级

水淹车拍照操作指引

第二节　首次定损

一、水位线（图6-2-1）

（1）车外水位线。

（2）车内水位线。

（3）电器元件贴标。

（4）空气滤芯。

（5）断开电池负极接线。

二、电器元件

（1）对车内水淹情况进行拍照，评估可能水淹的项目，如图6-2-2所示。

（2）拆卸全车座椅和地毯，但是所有控制单元模块不能拆卸。

图 6-2-1

图 6-2-2

三、发动机

（1）空气滤芯。

（2）拆火花塞，转动曲轴。

（3）使用简易工具测量同步缸高度，
如图 6-2-3 所示。

（4）判断是否需要转专家团队测量。

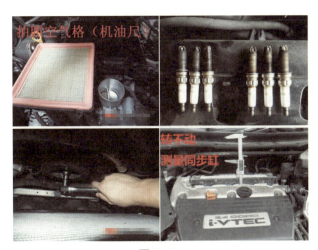

第三节　二次定损

一、电器元件

拆卸座椅、地毯后，对于电器元件

图 6-2-3

的处理方法：

（1）核实控制单元模块未被拆卸，再贴上标签。

（2）当场打开模块，核实模块内部是否进水，是否发霉。

（3）有进水或者少量发霉的，需要马上清理；严重发霉的，即给予更换。

（4）待整车干燥后，电器模块再装车检测。

（5）模块清洗工作可以由愿意配合的维修单位处理，也可以由公司的专家组统一处理，或者由第三方外修公司集中处理，如图6-3-1所示。

清洗步骤：清水/热水→软刷→肥皂水/清洗剂→清水→酒精

图 6-3-1

二、发动机

科技理赔团队处理：

（1）内窥镜观察。看水、看缸壁、看积炭。

（2）使用发动机免拆连杆测量工具，测量活塞上止点高度数据，出具检测意见。

（3）免拆安排。

① 清水。进气管道（含节气门、涡轮增压器、中冷器等）、排气管道（松开排气管道下端螺栓等进行排水清理）；气缸（吸出气缸内积水，并吹干）。

② 润滑。灌机油（向气缸内加入少量机油，并使用气枪吹散）；转动润滑（手摇或启动启动机让活塞气缸自行润滑）。

③ 点火。换机油（更换全新机油）；启动（在没有安装火花塞的前提下启动数次，确保

气缸内没有水）；点火（装好火花塞后正式点火，观察发动机运行情况）。

（4）拆解安排（图6-3-2）。

吊出发动机，拆下气缸盖和大油底壳，剩下中缸部分不要解体，等定损员到店拍照后，再现场把活塞连杆捅出来，这样可以一次确认发动机所有损失。

13.11
13.11
13.11
10.47

图6-3-2

三、变速器（分动箱 / 差速器）

辨别变速器类型，对于存在进水可能的变速器，需要进行放油检查。润滑油可能显现以下状态，如图6-3-3所示。

（1）明亮清澈（亮红或亮绿色）。

（2）有水泡（排除气泡干扰，浮于面上）。

（3）混浊（已经运行过）。

（4）发黑（磨损片损坏或保养不当等）。

（5）有铁屑（有少量铁屑是正常的）。

图6-3-3

变速器除了需要检查润滑油外，还需要注意是否装配干式双离合器，由于其使用风冷模式，离合器与外界是直接相通的，水淹事故容易造成双离合器进水损坏。

一般情况下，可根据水位高度（一般在3级以上）和透气器观察离合器是否进水，进水后，离合器会变成红褐色。离合器更多时候并不是因为进水而生锈，而是因为在潮湿的环境中，长期没有运转，导致其生锈，此时仅外观生锈，而离合片并没有浸水损坏，不影响正常使用，如图6-3-4所示。

图 6-3-4

第四节　三次定损

一、电器元件

待车辆彻底干燥后，安装电器元件，并检测故障码，如图 6-4-1 所示。

（1）确保检测电器元件为原车件且已清理干净。

（2）将模块安装回原来位置。

（3）新旧件替换测试。执行流程为：旧件安装→读取故障→删除故障；新件安装→读取故障→删除故障。对比两次检测结果的差异。

（4）重点是防调包。

（5）思考问题。

图 6-4-1

① 防止模块被调包是定损水淹车的关键，在定损流程上如何拆检才能减少调包风险？

② 为什么说只读取故障码来判断模块为损坏是不充分的？检测流程应该如何？

二、发动机

发动机进水一般情况下会对连杆产生影响，而连杆的变形程度不同会导致缸体、活塞的带损坏，可以简单认为发动机进水的损失就是连杆变形及连杆变形所导致的一系列连带损失。

处理方式见表 6-4-1 和图 6-4-2。

表 6-4-1

部件	受损形式	处理方法
连杆	弯曲、变形、断裂	一般由免拆检测是否变形；单条或者整套更换
缸体	生锈、刮损、变形、穿裂	与活塞/活塞环痕迹相对应；打磨锈迹；镗缸、镶缸套
活塞环	刮擦、积炭、生锈	与缸壁有刮擦的，建议更换；清理锈迹和积炭
活塞	破损、刮损、日常磨损	与缸壁痕迹相对应；辨别涂层是否自然磨损
密封件	密封性无法保证	拆卸后需更换
轴瓦	日常使用磨损	一般情况下无须更换；辨别是否自然磨损
曲轴	日常使用磨损	一般情况下无须更换
凸轮轴	日常使用磨损	一般情况下无须更换
导轨	老化、硬拆	一般情况下无须更换
链顶	弹簧减弱	一般情况下无须更换
气门	积炭、跳齿	无须更换，气门无须拆解，不需要更换气门及密封件

图 6-4-2

三、变速器

变速器的损坏可分为润滑油进水损失和干式双离合器进水损失，其损失都是通过检测判断是否进水。

干式双离合器一般有两种结构形式，如图 6-4-3 所示。一种是控制单元电机驱动的，如福特（福克斯）、奇瑞、观致等部分车型使用，此款离合器涉及离合器、控制单元、电机、拨叉、分离轴承等项目；另一种是阀体驱动的，如大众（DQ200）等使用，此款离合器涉及离合器和分离轴承等项目。

图 6-4-3

四、包干定损流程

（1）水淹车定损的关键要点是快，但是在快的基础上也需要兼顾准确性。

（2）包干定损是快速定损的有效方法，以下是包干定损的关键信息。

① 准确的车辆水淹水位线情况（图 6-4-4）。

② 核实车辆配置、水淹过的模块。

③ 核实发动机及变速器损失。

④ 提供损失报价清单。

⑤ 公式计算。全损模块 ×100%+ 风险模块 × ？ %+ 发动机损失 + 变速器损失 + 拆装清洗工时。

图 6-4-4

（3）一味追求快会被索取高额的定损费用，只有把握好严格的正常定损流程，断了后续虚高的水分，才有底气去谈包干定损的价钱。

第五节 案例分享

一、奔驰水淹车多项目扩损案例

（1）水淹情况确认（图6-5-1）。

① 车外水位线。3级，3/4车轮高度。

② 车内水位线。3级，座椅垫中。

③ 发动机舱进水位线。风扇1/3水位高度。

图6-5-1

（2）项目核对。

① 前照灯（图6-5-2）。

a. 水位线不符，未到达大灯，相差约20cm。

b. 水质不符，灯内是清水，现场是黄泥水。

c. 原因：推断有可能是人为灌水。

② 方向机（图6-5-3）。

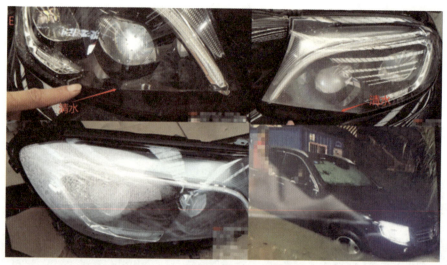

图 6-5-2

a. 损失情况。内部进水，齿条生锈严重；生产时间不符合，方向机的生产时间是 2016 年 5 月 14 日，而车辆的生产时间是 2019 年 2 月。

b. 原因。判断方向机被人为调包。

图 6-5-3

③气囊控制单元（图 6-5-4）。

前后损失不一致，首次拍照完好，二次拍照出现霉点；霉点不正常，是人为扩损的效果。

图 6-5-4

④点火线圈（图6-5-5）。

a. 水位线未到。点火线圈安装在发动机最高处，水未浸到此处。

b. 霉点不在针脚处，而在旁边的塑胶处。

c. 为喷涂效果，不是正常水浸痕迹。

图6-5-5

⑤发动机检测（图6-5-6）

a. 进水痕迹符合，空气滤芯湿透，进气管口有水迹。

b. 使用内窥镜检查，4个气缸均有进水。

c. 气缸壁有油水混合物覆盖；免拆检测，第1缸活塞高度比其他缸低了3.6mm，判断第1缸连杆变形。

d. 下一步安排吊出发动机，拆下缸盖和油底壳，待上门拍照。

图6-5-6

⑥发动机项目核对（图6-5-7）。

气门。气门弯曲的条件是必须与活塞顶部发生碰撞，本案当时活塞顶部并没有明显碰撞痕迹。其次，气门与活塞发生碰撞的条件有两个：一是跳正时，本案中，曲轴已经正常转动数圈且活塞顶没有碰撞痕迹，证明并没有跳正时；二是连杆断裂时，活塞刚处于最高点，本案中连杆没有断裂，也不成立。推断气门是人为弄弯或者被调包。

活塞。活塞裙部在正常工作程度下会在中心位置产生均匀的圆形磨损痕迹。本案中活塞的异形摩擦痕迹在与气缸壁的相对运动中并不可能产生，推断有可能是用砂纸摩擦产生。

曲轴、轴瓦。曲轴、轴瓦在涉水发动机事故中一般不会损坏。本案中连杆瓦有斜向刮花痕迹，与其运动的轨迹不一致，且其磨损程度与车辆的行驶时长不符。曲轴仅局部有轻微的泛白摩擦痕，正常磨损痕迹一般会超均匀绕轴，判断是人为扩损或者涂抹物质。

图 6-5-7

二、雪佛兰水位线造假案例

（1）水位线信息。

① 车外水位线。车身外没有明显水位线，但是车身上粘满泥沙，判断是人为喷沙水，伪造水浸痕迹。

② 车内水位线。车内座椅没有浸湿，而车门储物盒处却储有清水，水质、水位线均不符合实际。

③ 电控模块。电器件被人为制造水淹痕迹，较大的砂粒无法进入气囊控制单元内部。

④ 故障信息。人为制造线路故障，造成多个控制系统无通信故障。

（2）知识拓展。

① 人为使用泥沙水制造假水位线，可以从机舱、饰板内部等的水浸情况来分辨出真实水位线，如图 6-5-8 所示。

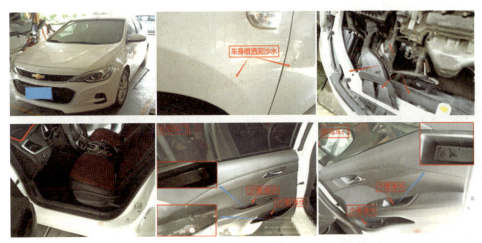

图 6-5-8

② 模块内灌水，可以结合实际水位线是否浸过，或者从内部水质来判断是否为人为制造，如图 6-5-9 所示。

图 6-5-9

三、日产水淹气囊控制单元检测案例

（1）案件信息（图 6-5-10）。

① 水位线。日产天籁 2 级水淹，水位线至地毯。

② 故障。检查发动机气囊控制单元无通信，维修单位报称需要更换气囊控制单元。

③ 思考问题。

a. 根据水位线高度，水是否浸到气囊控制单元？

b. 气囊控制单元无通信的原因是什么？

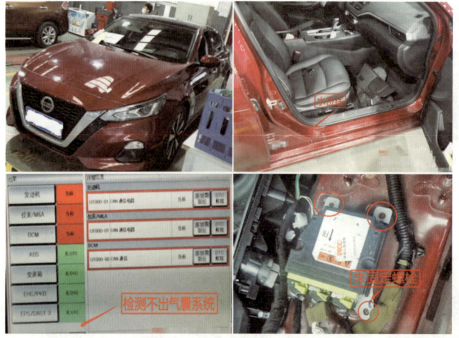

日产水浸气囊控制单元

图 6-5-10

（2）案件分析。

① 水位线。2 级水淹，地毯位置，气囊控制单元安装在底盘纵梁上，安装位置高于水位线。

② 检测。气囊控制单元安装要求是必须与车身搭铁相连接，此时气囊控制单元没有安装是无法正常通信的。

③ 固定好气囊控制单元后，气囊控制单元恢复正常通信。

（3）知识拓展。

① 为防止气囊控制单元误炸，要求气囊控制单元外壳与车身搭铁相连，防止在通电情况下，因气囊控制单元移动而误触发气囊。

② 气囊控制单元安装在底盘纵梁上，一般情况下，水位线要超过 3 级，达到座椅坐垫中间位置，才可能淹过。

四、日产气囊控制单元芯片调包案例

（1）案件信息（图 6-5-11）。

① 水位线。日产天籁发生水浸事故，2 级水淹，水位线至地毯。

② 故障。维修过程中发现气囊控制单元存在无通信故障，报损更换气囊控制单元。

③ 思考问题。

a. 水是否浸到气囊控制单元？

b. 是什么原因导致气囊控制单元无通信？

图 6-5-11

（2）案件分析。

① 气囊控制单元壳体与车辆生产时间相符，但是控制单元芯片不相符，说明气囊控制单元芯片被调包，如图 6-5-12 所示。

② 气囊控制单元螺丝有被拧过痕迹（图 6-5-13）。

（3）知识拓展。

图 6-5-12

图 6-5-13

① 核实准确水位线，模块被水浸，是水浸车定损的基础。

② 气囊控制单元生产时间：外壳标签上、外壳内侧、芯片插头上、控制单元读取版本信息上等。

五、迈腾水淹 ABS 泵故障案例

（1）案件信息（图 6-5-14）。

① 水位线。迈腾发生水淹事故，没有明显水位线，地毯浸湿，判断是 2 级。

② 故障。维修过程中发现 ABS 系统存在故障，维修单位报称需要更换 ABS 泵。

③ 思考问题。

a. 水是否浸到 ABS 泵？

b. ABS 泵故障的原因是什么？

c. 故障能否删除？

图 6-5-14

（2）案件分析（图 6-5-15）。

① 水明显浸不到 ABS 泵，且 ABS 泵安装在车厢外，密封性高。

② 故障码无法删除。

③ 经查阅资料，确认加速度传感器是集成在手刹模块内。

④ 手刹模块在换挡杆后面，已拆，还没安装好。

（3）知识拓展。

① 水位线是判断电器件是否损坏的基础。

② 故障码具有关联性，故障码在 ABS 内，并不代表就是 ABS 泵本身的故障。

③ 对于水淹车定损来说，调包、扩损、故障码作假、水位线虚假都是非常常见的问题。

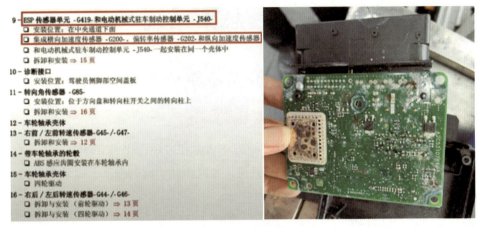

图 6-5-15

第六节　思考问题

（1）为什么水浸的登记信息中必须登记车型的年款，甚至连型号都需要登记？

（2）应对批量包干方案时，作为一个核损员，如何快速确认一个车辆的实际配置？

（3）请问水淹车电器件的处理流程？

（4）请问水淹车发动机的处理流程？

（5）请问水淹车变速器（传动装置）的处理流程？

（6）发动机检测可以分为简易检测和专业检测，你都实操过吗？

（7）发动机免拆清洗后，维修单位检测缸压后说缸压不够，是否需要拆解检查？

（8）仅连杆变形情况下，发动机需要更换哪些项目？

（9）当看不出明显水位线时，你如何去确认车辆的真实水浸高度？

第七章 悬架系统

第一节 悬架系统分类

一、悬架的功能

悬架的功能是传递作用在车轮和车身之间的一切力和力矩，比如支撑力、制动力和驱动力等，并且缓和由不平路面传给车身的冲击载荷，衰减由此引起的振动，保证乘员的舒适性，减小货物和车辆本身的动载荷。

按结构不同可分为独立悬架和非独立悬架，如图7-1-1所示。

独立悬架的左、右两侧车轮是互相独立的，一侧车轮在遇到路面起伏时，左、右车轮单独跳动，互不相干，因此车辆的舒适性较好。

非独立悬架由于两侧车轮通过一根硬轴连接，在凹凸不平的路面行驶时，当一侧的车轮遇到颠簸，另一侧的车轮也会受到影响，因此车辆的舒适性较差。

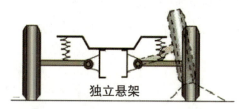
独立悬架

非独立悬架

悬架结构讲解

图7-1-1

二、常见的悬架系统

当前的家用汽车中，前轮都为独立悬架，最常见的是麦弗逊悬架和双叉臂悬架；后轮多数采用多连杆悬架，部分中低端车型仍选择更便宜的半独立悬架，如扭力梁式、推力杆式。

（1）麦弗逊悬架（图7-1-2）。

① 麦弗逊悬架的组成及优缺点。麦弗逊悬架由减震器、弹簧、下摆臂、转向节、平衡杆等组成。

优点：结构简单、成本低、占用空间小、重量轻，具有较好的舒适性及操控性。

缺点：抗侧倾能力差、制动点头明显，受冲击易损坏。

② 麦弗逊悬架的结构分析及部件作用。由减震器＋转向节＋下摆臂构成一个三角锥体。

弹簧：柔性支撑车身。

减震器：限制弹簧振幅（属于导向件）。

下摆臂：形成三角形的横向及侧向支撑。

转向节：连接各部件。

平衡杆：减轻车头的侧倾。

减震轴承：作为减震器的旋转附属部件。

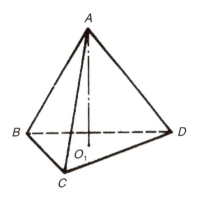

图 7-1-2

（2）双叉臂悬架（图 7-1-3）。

① 双叉臂悬架的组成及优缺点。双叉臂悬架由减震器、减震下叉、弹簧、上叉臂、下叉臂、转向节、平衡杆等组成。对于运动车型，双叉臂悬架就是标配，其有良好的抗侧倾性能，使车辆在高速行驶过程中急转向时，仍能保持较好的车身姿态。

优点：抗侧倾能力强，横向及纵向刚性好，抓地力强，转向更稳定。

缺点：成本高，占用空间大。

② 双叉臂悬架的结构分析及部件作用。由上叉臂 + 转向节 + 下叉臂构成一个三角柱体。

减震器：增加减震下叉，固定在下叉臂上。

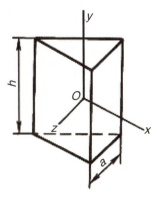

图 7-1-3

（3）麦弗逊悬架与双叉臂悬架的区别。

①零件差别。

双叉臂悬架比麦弗逊悬架多：上叉臂、减震下叉。

麦弗逊悬架比双叉臂悬架多：减震轴承。

②结构差别。

麦弗逊悬架：由减震器＋转向节＋下摆臂构成三角锥体。

双叉臂悬架：由上叉臂＋转向节＋下叉臂构成三角柱体。

③主销不同。

麦弗逊悬架：减震轴承与下臂球头的连线。

双叉臂悬架：上叉臂球头与下叉臂球头的连线。

（4）多连杆悬架（图7-1-4）。

①多连杆悬架的组成及优缺点。一般都把2连杆或更多连杆结构的悬架，称为多连杆悬架。多连杆悬架由减震器、弹簧、转向节、上摆臂、下摆臂、前摆臂、后摆臂等组成，可以从上、下、前、后各个方向给予支撑力作用，使车辆在行驶过程中更稳定。

优点：结构精确，承受来自各个方向的作用力，更平稳、更舒适、操控性好。

缺点：结构复杂、成本高、占用空间大。

②多连杆的结构分析及部件作用。由转向节＋上、下、前、后摆臂组成金字塔体。能保证抵消来自各个方向的冲击力。转向节相当于车轮的固定脚。各摆臂承担各自的支撑作用。减震器＋弹簧组成柔性支撑部分。

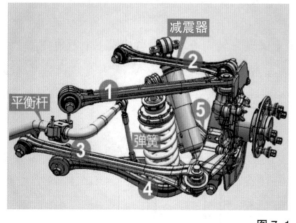 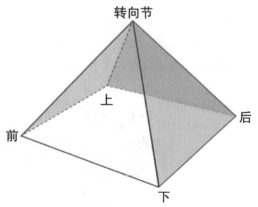

图 7-1-4

（5）扭力梁悬架（图7-1-5）。

①扭力梁悬架的组成及优缺点。两侧车轮固定在车桥上，车桥类似H形，前侧直接安装在车身上，后侧通过悬架安装在车身上，在一定程度上可以扭转。扭力梁悬架一般由后桥、减震器、弹簧等组成。

优点：成本低，轮胎不易偏磨，占用空间小，简单结实。

缺点：大幅度活动时，两轮互相影响。

② 扭力梁的结构分析及部件作用。当一侧车轮经过高低不平的路面时，扭力梁发生扭转抵消路面的冲击。

后桥：固定车轮，固定车身，固定悬架，扭转的本体。

图 7-1-5

第二节　四轮定位

车辆的转向车轮、转向节和前轴三者之间的安装具有一定的相对位置，这种相对位置的安装叫作转向车轮定位，也称前轮定位。同理，后轮与后轴的安装关系，称为后轮定位。

四个参数，俗称三角一束，即车轮外倾角、主销后倾角、主销内倾角和车轮前束。

（1）车轮外倾角（图 7-2-1）。车轮所在平台与纵向垂直平面间的夹角。

作用。提高车轮工作时的安全性；抵消主销的旋转力矩；使车轮向内压紧轴承，防止车轮松脱。

数值。向外为正，向内为负。

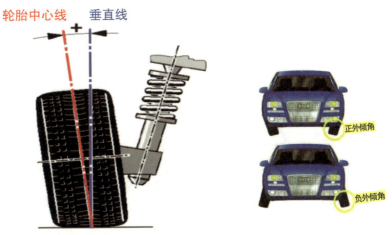

图 7-2-1

调整。前轮：下摆与前桥的偏心螺栓；后轮：摆臂与转向节的偏心螺栓。

磨损。过大：外侧磨损；过小：内侧磨损。

（2）主销后倾角（图7-2-2）。车轮在转向时的旋转中心轴线在纵向垂直平面内，主销轴线与垂线的夹角，即主销向后的倾斜角。

作用。高速行驶下，自动回正；转向轻便。

调整。下摆与前桥的偏心螺栓。

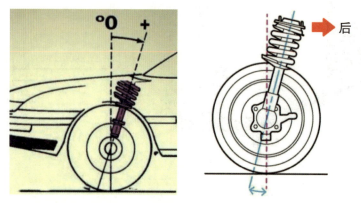

图7-2-2

（3）主销内倾角（图7-2-3）。主销轴线在轴向平面投影与垂线的夹角，即主销向内的倾斜角。

作用。低速行驶下，自动回正；转向轻便；过大会造成轮胎磨损。

调整。前轮：下摆与前桥的偏心螺栓。

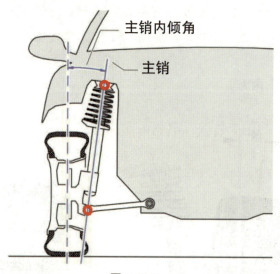

图7-2-3

（4）车轮前束（图7-2-4）。前束是指汽车同一轴上的两个车轮前端距离小于后端距离的距离差。

作用。抵消外倾角对车轮的磨损；自动回正。

数据。向内为正，向外为负。

调整。前轮：方向横拉杆；后轮：后横臂与转向节的偏心螺栓。

磨损。过大：外侧羽状磨损；过小：内侧羽状磨损。

（5）思考问题。

① 独立悬架与非独立悬架有何不同之处？

② 能说出三角一束的定义吗？

③ 能说出4种常见悬架结构的特点吗？

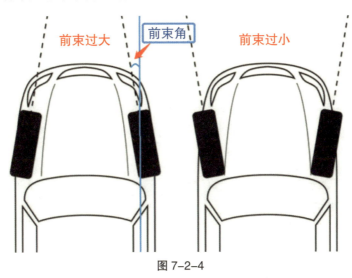

图 7-2-4

第三节　四轮定位数据

一、四轮定位数据计算

如图 7-3-1 所示，哪个车轮→哪个参数→实际数值→允许范围→计算偏差值→调整方向、大小。

左前外倾角：实际值为 –1° 34′，允许范围是 –0° 4′ ~ 1° 4′；与最接近的边缘值 –1° 4′ 还相差 30′；变形方向是向内侧倾斜。

四轮定位数据讲解

图 7-3-1

因此，左前外倾角实际值 –1° 34′ ，需要向外调整 30′ 才能进入允许范围内。

二、四轮定位数据调整表（表 7-3-1）

表 7-3-1

四轮定位	实际值	允许范围	偏差值	调整方向
车轮外倾（左前）				
车轮外倾（右前）				
前束（右后）				
总前束				

三、思考问题

（1）根据图 7-3-1，能填写表 7-3-1 吗？

（2）总前束数据，你认为该如何调整？

四、四轮定位调整方法

（1）前束（图 7-3-2）。

①前轮：方向机横拉杆。

②后轮：后横拉杆（偏心螺丝或者可调螺杆）。

图 7-3-2

（2）外倾（图 7-3-3）。

图 7-3-3

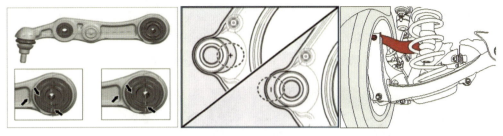

图 7-3-3（续）

① 前轮：移动前桥（奥迪）、定位螺栓（奔驰）、减震螺栓（通用）、偏心胶套（奔驰）、大中小号摆臂（宝马）。

② 后轮：上摆臂或下摆臂偏心螺栓。

第四节　悬架系统定损

一、悬架系统的碰撞及损伤分析

从理论角度分析，可以把碰撞受力方向分为横向和纵向，而从车轮的具体受力点分析又可以分为上、下、前、后方向。不同受力方向和受力点会造成悬架的变形方向不一致（图 7-4-1）。

（1）横向碰撞分析。如图 7-4-2 所示，大众车轮被撞，碰撞受力方向是横向；关于碰撞点，一般两车碰撞的撞击点是上点靠前或者上点靠后。推断

悬架碰撞受力分析

图 7-4-1

图 7-4-2

最先变形的部件是减震器。

（2）纵向碰撞分析。如图7-4-3所示：魏派VV5碰撞路基，碰撞受力方向是横向；关于碰撞点，一般碰撞低矮路基的撞击点是下点。推断最先变形的部件是下摆臂。

图7-4-3

（3）悬架件受损次序表（表7-4-1）。

表7-4-1

一、横向碰撞（易损次序） （1）横向上侧：减震器→下摆臂→转向节 （2）横向下侧：下摆臂→减震器→转向节 （3）横向前侧：下摆臂、减震器→转向节→横拉杆 （4）横向后侧：横拉杆→下摆臂、减震器→转向节		
二、纵向碰撞（易损次序） （1）上侧：下摆臂、减震器→转向节→横拉杆 （2）下侧：下摆臂→减震器→转向节→横拉杆		
三、按制造材料和工艺的易损程度	单层铁制→双层铁制／铸铁→铸铝→铝合金	

二、悬架件损伤形式分析

（1）转向节。转向节的作用及结构：连接悬架件与车轮，由车轮伸出多个爪子，连接各个悬架件。连接减震器、连接方向机横拉杆球头、连接制动钳、连接下摆球头。

（2）转向节定损（图7-4-4）。

① 横向受力。与减震的固定脚产生高低变形。

② 纵向受力。与减震的固定脚产生左右变形。

③ 车轮后点受力。与方向机球头的固定脚产生变形。

④ 固定制动钳的固定脚几乎不会变形。

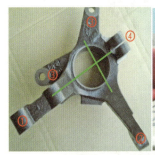

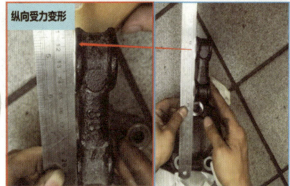

错误的悬架件拍照方法

图7-4-4

（3）轴承。

① 轴承的作用及分类。轴承的作用是"承轴"。固定旋转轴，让其可以在固定位置上做旋转运动。轴承既要承受径向载荷，也要承受轴向载荷。

② 一代轴承（图7-4-5）。压入式：一旦更换转向节，只能把轴承压出来，维修单位会建议更换轴承。

图7-4-5

③二代轴承（图7-4-6）。压入式：轴头与轴承，只能应用于非驱动轮。

图7-4-6

④三代轴承（图7-4-7）。集成轴承、轴头、ABS 传感器，采用螺栓固定式，价格更高，拆装容易。

图7-4-7

（4）轴承定损（图7-4-8）。

①损坏形式。松动、异响。

②松动。轴头（轴承）内部存在松动。

图7-4-8

③ 异响。听诊器判断（异响大小，左右对比，使用年份）；试车判断（通过试车确认是否存在异响）；手转判断（容易误判，不建议手转）。

④ 结合轴承的安装形式，判断更换转向节是否需要更换轴承。

（5）减震器。由减震器及弹簧共同构成的弹性元件，对车身起柔性支撑作用。

① 弹簧。柔性支撑。

② 减震器。减弱弹簧的振幅。

（6）减震器定损。

① 轴心变形。减震器常见变形点是轴心中间位置（图7-4-9中点2），减震在车上受压时的接触点。

② 减震筒变形。弯折角度应该与车辆碰撞方向一致。图7-4-9中点1为风险扩损点。

③ 轴心螺丝。此位置固定在减震上座，减震上座有一定的活动性，因此轴心螺丝变形必须伴随着轴心的严重变形。此位置为风险扩损点。

图 7-4-9

（7）摆臂（图7-4-10）。由支撑臂、胶套、球头组成。

① 连接支撑作用。

② 冲缓冲击。

③ 摆臂球头作为活动点，转向节可以旋转。

（8）摆臂定损（图7-4-11）。

① 弯曲变形。最常见的变形形式。

② 胶套变形。查询EPC结构图，是否有单独胶套更换。

③ 固定位置变形。与相连接的零件受损是否一致。

④ 胶套撕裂。裂口新旧程度；锐利还是光滑；使用年份。

⑤ 开口宽度。错误，开口宽度无法说明摆臂是否变形。

⑥ 长度对比。错误，需要保证两臂完全平行的情况下，才能对比出长度差别。

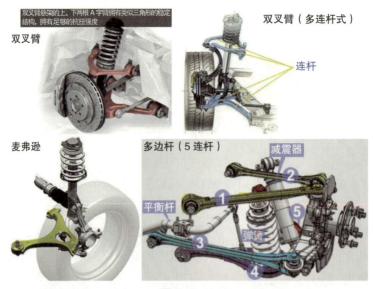

图 7-4-10

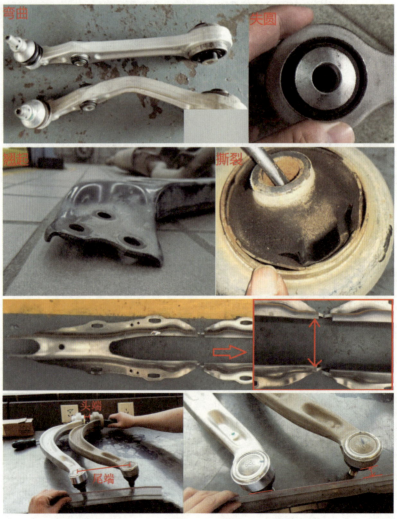

图 7-4-11

（9）半轴（图7-4-12）。半轴原理及结构：
将差速器的转矩传递到车轮，并适应差速器与车轮的角度变化。

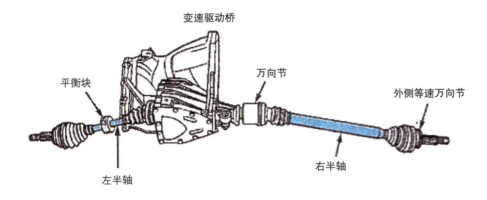

图 7-4-12

① 两端花键分别连接差速轴和轮毂轴承。

② 两侧球笼内万向节，可以让半轴在一定程度内弯曲，适应行程过程中车轮与差速器的角度变化。

③ 轴心多采用空心轴，比实心轴更易控制平衡问题。

④ 部分半轴需要配平衡块，以平衡半轴两端的重量。

（10）半轴定损（图7-4-13）。

① 漏油。渗漏，属于老化故障。

② 防尘套裂开。裂口较旧，油脂均匀洒脱，属于零件故障。

③ 半轴刮擦。悬架变形，导致半轴与其他底盘件刮擦。轻微：装车测试；严重：更换。

④ 花键磨损。半轴脱落，半轴花键与其他底盘件磨损。轻微：装车测试；严重：更换。

⑤ 半轴断开。擦干油脂，核实球笼内部是否受损。防尘套一般单独更换。

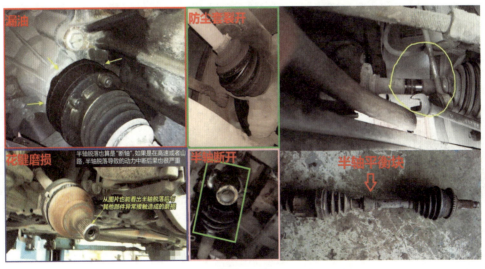

图 7-4-13

⑥平衡块损坏。轻微破损可以装车测试；是否可以单独更换。

（11）平衡杆受损及定损。平衡杆在悬架系统中起横向稳定作用，能有效抑制转向的侧倾。

① 当车辆同轴车轮同时做上下运动，平衡杆能在衬套内做旋转运行，此时平衡杆不起作用。

② 当车辆同轴车轮高低不一致或者两侧悬架的变形量不一致时，此时在垂直方向上，平衡杆两端产生两个反向的力矩，平衡杆扭转变形吸收两端相反作用力，抑制减震弹簧继续变形。

（12）平衡杆定损。

① 平衡杆不影响四轮定位，不会导致车辆跑偏，轮胎磨损。

② 平衡杆具有自适应性，能适应悬架的位移，自行调整角度。

③ 平衡杆承受的扭转力，旋转运动，一般不影响变形；平衡杆吊杆承受的是纵向作用力，而且自身较软，容易变形。图 7-4-14 所示的是错误测量平衡杆的方法。

图 7-4-14

（13）副车架。副车架的作用如下。

① 承载。承载一部分的车身的重量。

② 传递力矩。传递车身与悬架之间的力矩。

③ 支架。悬架、发动机、变速器、方向机等的支架。

④ 减震。由副车架及副车架胶套组成的减震作用。

按结构可以分为 H 型、元宝梁型、全架框型，如图 7-4-15 所示。

图 7-4-15

（14）副车架定损（图 7-4-16）。

① 直接找出变形点。

② 固定螺孔变形，可以通过外修修补。

③ 测量对角线，沿对角线受力的方向会变短，反之会变长。

④ 导致副车架整体变形或者对角线变形的可能性较低，其 4 个孔位固定在大梁上，可以复位到大梁上，观察螺孔位置能否对上。

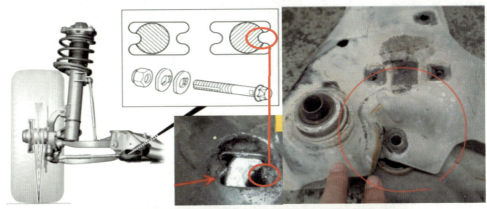

图 7-4-16

第五节　案例分享

一、雷凌悬架件全拆全换案例

（1）案件信息（图 7-5-1）。

① 案情。双方事故，丰田雷凌碰撞左后杠、左后轮。

② 故障。照片中未见车轮移位，未见底盘件变形，维修单位称底盘件变形，需要拆检核对。

③ 思考问题。

a. 怎样才能确认悬架件是否有问题？

b. 先该拆哪个项目进行核对？

悬架件全拆全换

图 7-5-1

（2）案件分析。

① 在没有证据的情况下，全拆悬架件是错误的。

② 全拆可能导致全部变形，风险极大。

③ 测量不规范。

（3）知识拓展（图 7-5-2）。

悬架件是否拆检的三个要素：车轮是否移位；悬架是否明显变形；四轮定位数据是否异常。

拆件次序：伤一个拆一个；风险高先拆；切勿全拆。

图 7-5-2

二、奔驰撞一角报损三处悬架件案例

（1）案件信息（图7-5-3）。

① 案情。双方事故，奔驰E300L碰撞右前杠、右前叶及右前轮。

② 故障。

a. 右前轮未见明显移位变形。

b. 底盘件未见明显变形。

c. 四轮定位显示右前轮、右后轮、左前轮数据存在异常，维修单位报称需要更换三处悬架件。

③ 思考问题。

a. 碰撞一个车轮，会导致三个车轮的悬架件同时受损吗？

b. 车轮未见移位变形，底盘件未见变形，仅四轮定位数据异常，存在人为风险吗？

c. 如何安排后续拆检工作？

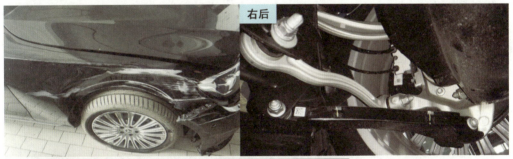

奔驰悬架虚报损失

图7-5-3

（2）案件分析（图7-5-4）。

① 修复前与修复后的两个后轮定位参数数据明显不同，为人为改动数据。

② 右前轮的碰撞点是上点，车轮上点应该向内侧变形，数据应该为负值，但实际外倾数据为正值。

③ 转向节测量值相差0.05cm，正常范围，卷尺的最小单位是0.1cm。

④ 另外两轮与事故无关。

（3）知识拓展。

① 四轮定位数据参数与选择车型有关，且可以人为修改。

② 车轮受力是悬架变形的原因，没有碰撞就没有受力。

③ 本案最优处理方法是当面重新做定位，再分析数据可靠性。

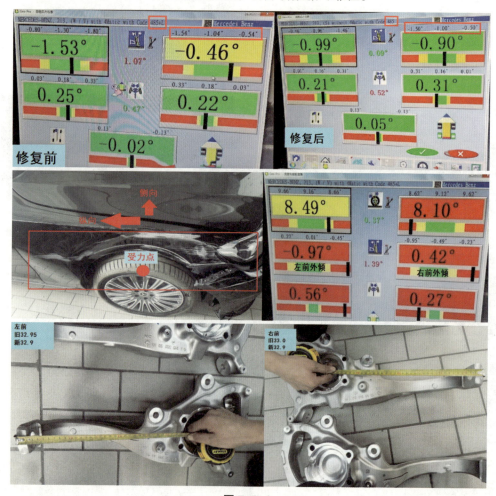

图7-5-4

三、宝马轮胎磨损影响定位数据案例

（1）案件信息（图7-5-5）。

① 案情。宝马5系，碰撞右前角，右前轮、右前悬架受损。

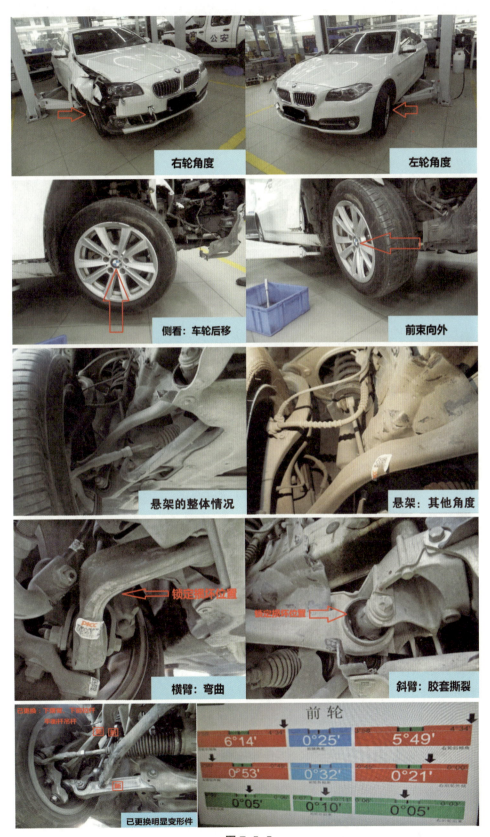

右轮角度　　　　　　　　　左轮角度

侧看：车轮后移　　　　　　前束向外

悬架的整体情况　　　　　　悬架：其他角度

横臂：弯曲　　　　　　　　斜臂：胶套撕裂

已更换明显变形件

图 7-5-5

② 故障。

a. 右前轮后移且外张。

b. 直臂弯曲变形。

c. 更换直臂后，定位数据仍异常，需追加。

③ 思考问题。

a. 定位数据是怎么异常？

b. 该追加哪个底盘件？

（2）案件分析（图7-5-6）。

① 定位显示左前轮及右前轮数据均存在差异，没有碰撞的左前轮比右前轮数据偏差更大。

② 经检查两车轮外侧均过度磨损，磨损说明是长期存在问题。

③ 磨损外倾与外倾偏大（向正值方向）一致，更说明该数据异常是之前就存在问题。

（3）知识拓展。

① 车轮位移变形如此严重，最后只更换了一个直臂。

② 直臂变形就只拆直臂一个，其他都是待检项目。

③ 四轮定位不仅与悬架件有关，还与胎压、车辆负重、车轮尺寸等有关。

右轮：外侧磨损　　左轮：外侧磨损

图 7-5-6

四、本田 XRV 悬架件扩损案例

（1）案件信息（图7-5-7）。

① 案情。双方事故，本田 XRV 碰撞左前角、左前轮。

② 故障。悬架件未见明显变形，手测轮距相差约1指距离，且定位数据异常，需要追加拆检底盘件。

③ 思考问题。

a. 如何分析车轮移位与定位数据的关联？

b. 如何安排拆检工作？

（2）案件分析（图7-5-8）。

① 平衡杆吊杆拆检前没事，拆检后变形。

② 下摆臂脱漆，属于正常现象。

图 7-5-7

③ 局部拍照，直尺未紧贴住转向节，视觉上出现间隙，伪造变形的效果。

④ 减震轴心严重变形，无法核实成因。

⑤ 车轮后移在数据上应该是主销后倾角变小（数据未显示，无法验证）。

⑥ 前束数据一正一负，反映车轮应该都向左变形，也是就向左打方向的效果，且前束是可以调节的数据。

图 7-5-8

⑦ 其他数据正常，反证悬架正常。

（3）知识拓展。

① 车轮位移变形必须与定位数据偏差一致。

② 前束对应前轮前点左右偏摆，外倾角对应车轮上点内外偏摆，主销后倾角对应车轮前后位移。

五、雷克萨斯轮胎缺气案例

（1）案件信息（图7-5-9）。

① 案情。雷克萨斯碰撞右侧车身，右前轮明显后移，右后轮无明显位移。

② 故障。前轮建议要求下摆臂，后轮建议数据偏差非常轻微，要求更换前控制臂。

③ 思考问题。

a. 定位数据反映出怎样的车轮形变状态？

b. 如何安排拆检？

图 7-5-9

（2）案件分析（图7-5-10）。

① 右前轮主销后倾及车轮外倾角数据偏差非常大，且车轮已明显后移，建议先更换下摆臂。

② 右后轮外倾角非常轻微偏差，前束角数据可以调整。

③ 经检查发现右后车轮胎压不足，充气后，定位数据恢复到正常范围内。

（3）知识拓展。

① 数据与形态的关联。右前轮的主销后倾角偏小与车轮后移相符合，右后轮胎压较低与

外倾角向内相符合。

②本次事故仅更换下摆臂一个，切勿全拆全换。

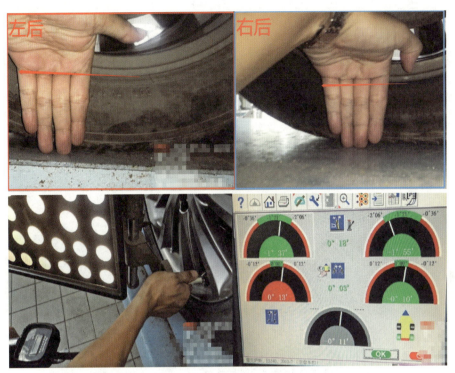

图 7-5-10

六、马自达 CX-5 定位数据质疑案例

（1）案件信息（图 7-5-11）。

图 7-5-11

① 案情。马自达 CX-5 后部被追尾，尾盖、后杠严重受损。

② 故障。检查发现排尾管轻微刮擦到后桥，定位数据显示左后轮外倾角异常，报损后桥。

③ 思考问题。

a. 排气管轻微刮擦后桥，是否会导致四轮定位数据异常？

b. 定位数据是否可调？

c. 数据异常是否由后桥引起？

（2）案件分析（7-5-12）。

① 排气管轻微刮擦后桥的非定位位置，理论上不影响定位数据。

② 检查偏心螺栓已调到接近最外，外倾角几乎不能再改善。

③ 肉眼观察，左后外倾感觉比右侧更向内，与定位数据相反。

④ 使用拉垂线测量外倾角的方法，最终判断左后轮外倾角向内倾斜比右后轮更明显，四

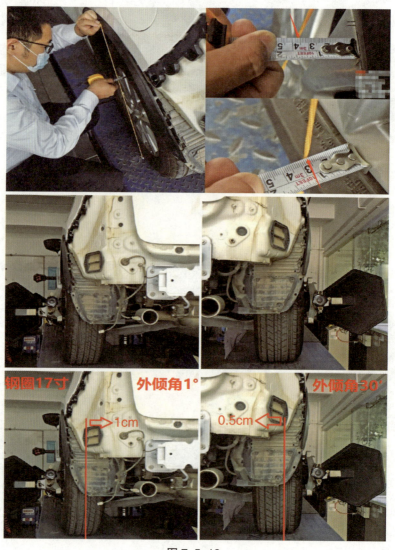

图 7-5-12

轮定位数据无效。

（3）知识拓展。

① 四轮定位数据必须与车轮形态一致才是有效的数据，传统垂线测量是判断定位数据是否真实的有效方法。

② 上摆和下摆偏心螺丝调节的方向是相反的。

③ 如何确认一条摆臂是调节前束还是外倾角，是看摆臂与转向节的连接位是前后侧还是上下侧。

七、奔驰空气悬架故障案例

（1）案件信息（图7-5-13）。

① 案情。双方事故，奔驰S碰撞右后侧车身，右后轮向内倾斜，右后上摆，右前拉杆变形。

② 故障。故障码显示右前空气减震器故障，维修单位提出需要更换右后减震器。

③ 思考问题。事故是否造成减震器损坏？故障码的根本原因是什么？

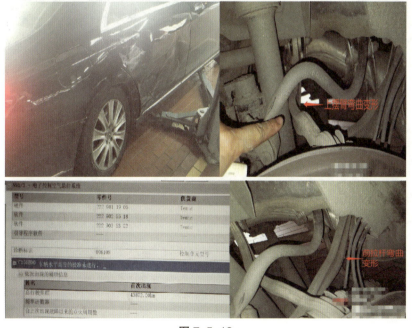

图 7-5-13

（2）案件分析（图7-5-14）。

① 将测量的车身高度与诊断仪数据进行对比，发现右后轮高度与诊断仪数据不相符。

② 右后轮数据不相符很可能是由于高度传感器的原因，经左右对比发现是高度传感器装反，导致不准确。

（3）知识拓展。

① 遇到空气减震器问题，第一步是测量车身高度数据及放置一段时间后车身高度降低多少，从而判断空气减震器漏多少气，是否在正常范围内。

② 使用数年后，空气减震器是必然漏气的，分析碰撞与漏气是否相关非常有必要。

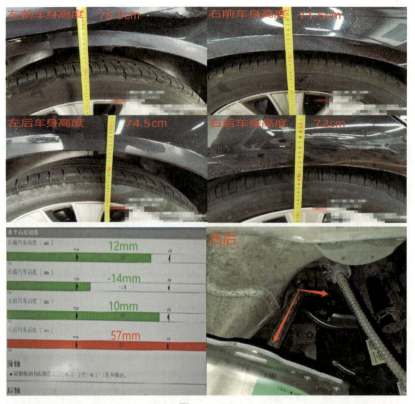

图 7-5-14

八、宾利空气悬架泄漏案例

（1）案件信息（图 7-5-15）。

① 案情。宾利进车库时，车轮撞到坡道位置，导致前保险杠刮擦坡面。

② 故障。检查时发现空气减震器存在故障，需要追加减震器。

③ 思考问题。

a. 宾利车头刮到坡面与减震器受损是否关联？

b. 减震器是什么故障？

（2）案件分析。

① 减震器外观未见损伤。

② 测量车身高度变化的方法，半小时车身降低约 2cm，判断减震器很可能泄漏。

③ 使用喷肥皂水，锁定漏气位置。

④ 将减震器置于水中，同时打气，可见减震器漏气明显。

⑤ 减震器是缓慢泄漏，而不是破裂瞬间泄气，所以不存在车轮碰撞坡面使减震器瞬间完全泄气再导致前杠刮擦坡面，而应该是车身没有升起，导致行驶到坡面时，前杠刮擦坡面。

⑥ 坡面角度不大，对车轮的冲击力不足以损坏减震器。

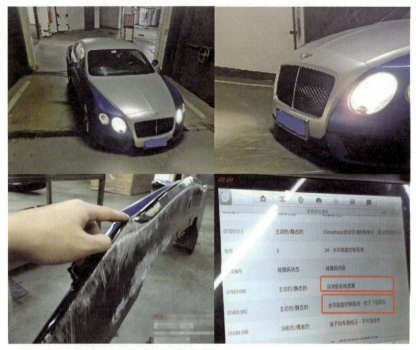

图 7-5-15

（3）知识拓展。

① 对于空气减震器损坏案件，判断是老化破损慢慢泄漏还是瞬间破裂瞬间漏光，这是判断此故障是否为碰撞事故造成的关键。

② 空气减震器的测漏和维修方法。

③ 泄漏的量化测试也非常重要，这是判断碰撞泄漏后是否造成其他部件刮擦的关键点。

九、雅阁不规范的悬架件定损方法案例

（1）案件信息（图 7-5-16）。

① 案情。本田雅阁右后侧车身碰撞路基，造成右下裙、右后轮受损。

② 故障。可见右后前拉杆球头移位，其他悬架件未见异常；维修单位提出其他悬架件都可能受损，需要全部拆检对比。

③ 思考问题。

a. 是否必须将全部悬架件拆检对比？

b. 如何核实其他底盘件是否受损？

（2）案件分析（图 7-5-17 和图 7-5-18）。

① 更换右后前拉杆后，做定位再判断其他底盘件是否受损是最优定损方法。

② 下摆孔距对比距离无意义，因为该位置会因为打紧螺栓而发生收缩，且孔距对定位没有任何影响。

③ 上摆球头非受力位置出现局部变形，没有对应碰撞物，受损不合理。

图 7-5-16

④ 减震器轴心相对测试误差大，由于地面不平、外壳做工、摆放角度差异都会造成轴心不对的现象。

（3）知识拓展。

① 再次强调底盘件不能全拆全换。

② 底盘件测量点必须有意义。

③ 底盘件的变形点必须是有碰撞受力的可能性。

④ 摒弃存在误差的测量方法。

⑤ 底盘件对件的原则是找合理变形点。

图 7-5-17

减震器

图 7-5-18

第六节　思考与分析

（1）图 7-6-1 所示的是什么形式的悬架结构。（　　）

A. 麦弗逊　　　　　B. 双叉臂　　　　C. 多连杆　　　　D. 扭力梁

（2）图 7-6-2 所示数据中反映的左前轮的情况是（　　）。多选

A. 车轮前束过大　　B. 车轮内倾　　　C. 车轮后移　　　D. 车轮前移

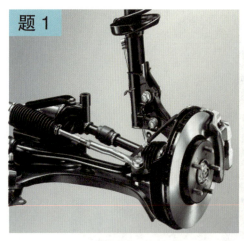

图 7-6-1

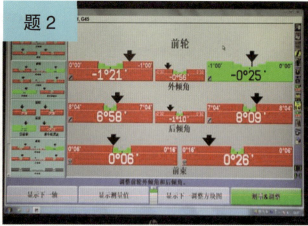

图 7-6-2

（3）如图 7-6-3 所示，实际前束数据是 0° 20′，标准数据是 0° 5′，偏心螺栓需要向哪个方向旋转。（ ）

　　A. 顺时针　　　　　B. 逆时针

（4）图 7-6-4 中转向节在碰撞受力的情况下，哪个支脚最不容易变形。（ ）

　　A.1　　　　　　　B.2　　　　　　　C.3　　　　　　　D.4

图 7-6-3

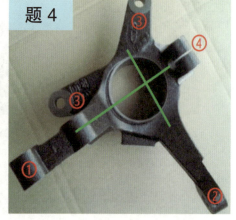

图 7-6-4

（5）前轮前束一般通过（ ）来改变前束数据。

　　A. 下摆臂的偏心螺栓　　B. 转向节的倾斜度　　C. 方向机拉杆长度　　D. 偏心减震座的方位

（6）以下哪些部件变形，会影响四轮定位数据。（ ）多选

　　A. 减震器　　　　　　B. 转向节　　　　C. 下摆臂　　　　D. 平衡杆

（7）前束过大会造成怎样的磨损。（ ）

　　A. 轮胎内侧磨损　　B. 轮胎外侧磨损　　C. 轮胎内侧羽状磨损　　D. 轮胎外侧羽状磨损

（8）如图 7-6-5 所示，出现轮胎的磨损反映出哪个数据异常？（ ）

　　A. 前束过大　　　B. 前束过小　　　C. 外倾过大　　　D. 外倾过小

（9）图7-6-6所示的是（　　），前束需要向（　　）至少调节（　　）的度数才能使数据变成绿色。

A.前轮，内，0° 11′　　　　　　B.前轮，外，0° 11′

C.后轮，内，0° 11′　　　　　　D.后轮，外，0° 11′

图7-6-5

图7-6-6

（10）如图7-6-7所示，哪个螺栓调节前束。（　　）

A.5号　　　　　　B.6号　　　　　　C.10号　　　　　　D.11号

（11）如图7-6-8所示，奔驰C级，碰撞右前部及右前轮，经使用四轮定位检测，显示右前轮外倾角数据不在标准范围内，已排除人为影响因素，请回答以下问题。

① 该悬架是_____类型悬架系统。

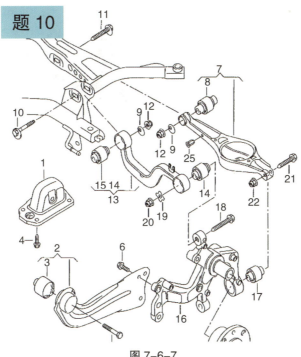
图7-6-7

② 影响外倾角数据的主要悬架件有＿＿＿＿＿＿、＿＿＿＿＿＿、＿＿＿＿＿＿、前桥。

③ 右前轮外倾角的允许范围在＿＿＿＿＿＿＿＿＿＿至＿＿＿＿＿＿＿＿＿＿。理论上最少需要向＿＿＿＿＿＿＿＿（正／负）值方向，调节＿＿＿＿＿＿＿＿，才能把数据调整到标准范围边缘。

④ 经查阅维修资料，该车型可以采用更换下摆偏心胶套的方式，改变外倾角数据，请问胶套孔需向＿＿＿＿＿＿＿＿（车内／车外）方向，调后外倾角的理论值是＿＿＿＿＿＿＿＿。

（12）请说出定损悬架件的一般流程。

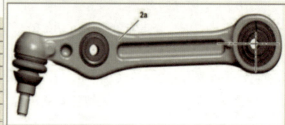

范围		数值	
-2°01' / ±0°30'			-1°24' *
			-1°37'
+0°28' / ±0°07'			+0°40' *
+0°14' / ±0°07'			+0°19'
			+0°21'
+0°00' / +0°08' -0°07'			+0°01'
-0°27' / +0°16' -0°28'	前轮外倾	左	-0°31' D
-0°24' / +0°16' -0°28'		右	-1°11' */D
+9°34' / ±0°30'	主销后倾	左	+9°38'
+9°35' / ±0°30'		右	+9°21'
			-1°38'
			-1°22'
			+0°31'
+0°22' / ±0°10'			+0°20'
+0°11' / ±0°05'	前轮前束	左	+0°09'
		右	+0°11'

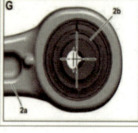

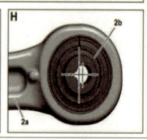

图 7-6-8

第八章　新能源汽车定损

第一节　基础原理

一、新能源汽车的构造

新能源汽车包括纯电动汽车、增程式电动汽车、混合动力汽车、燃料电池电动汽车、氢发动机汽车和其他新能源汽车等。在我国，未来的一段时间内纯电动汽车是发展的主流，因此掌握纯电动汽车的定损技术是理赔岗位的需要。

纯电动汽车主要由动力电池、电动机和电控系统组成，俗称"三电"，如图 8-1-1 所示。电池负责储存、输入和输出高压电。电机将电能转化为动能，驱动车辆行驶。电控系统负责控制整车、电池以及电动机。

新能源三电系统讲解

图 8-1-1

二、新能源汽车"三电"

（1）动力电池。动力电池由壳体、电池模组和电池控制系统等组成，如图 8-1-2 所示。

壳体由上盖、下盖、密封垫组成。动力电池一般要求达到防尘防水等级 IP67 或者以上。动力电池一般安装在车辆的底部，行驶过程中容易碰撞到石头等障碍物，造成电池壳体受损，壳体受损可能导致电池的密封性能达不到 IP67，甚至使壳体穿裂，模组变形。长时间泡水或者壳破损、密封性能不好等，有可能造成电池内部进水，电池一旦进水就会报绝缘故障，限制电池供电，车辆无法行驶。

动力电池由若干电池模组串联组成，总电压可以达到 300V 以上。电池模组由若干电池单体串联或者并联组成。三元锂电池的标准单体电压是 3.7V，而磷酸铁电池是 3.2V。

图 8-1-2

动力电池管理系统由 BMS 控制主板、若干信息采集从板、正负继电器盒等组成。正负继电器盒由主板控制通断电压的输入输出，如图 8-1-3 所示。

另外动力电池里还有冷却系统（风冷、水冷）、加热系统，目前 10 万元级别的车多采用水冷模式，而 10 万元以下的车则多采用风冷模式。过度低温会导致电池活性降低，导致电池无法正常供电，此时需要加热装置对电池进行加热升温，尤其是在我国的北方地区，如果没有电池加热系统，新能源电动车在冬天很可能无法正常行驶。

思考问题。

动力电池上电讲解

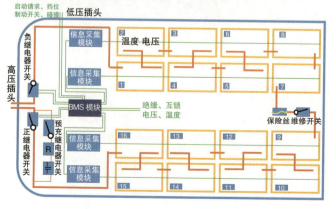

动力电池结构讲解

图 8-1-3

① 请说说动力电池的构造原理。

② 请说说新能源汽车三电的运行原理。

（2）电动机。电动机与电机控制系统、逆变器协同工作。电机控制系统根据需求，控制逆变器及电动机。逆变器将动力电池输出的高压直流电变成电机需要的高压交流电。电动机即把电能转化为动力，驱动车辆行驶。

电动机由壳体、转子、定子和旋变传感器等组成，如图8-1-4所示。

旋变传感器是将电机的位置信号、转速信号传递给电机控制器。

旋变传感器的插头一共有9根线：1根屏蔽线，2根温度信号线，6根旋变传感器信号线（2根励磁线，2根正弦线，2根余弦线）。

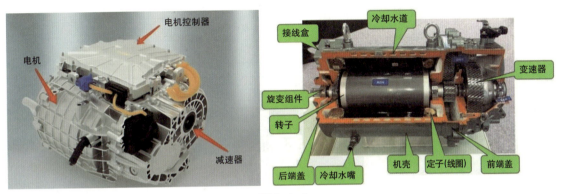

图 8-1-4

电机控制器利用6个IGBT将直流电转变为电机需要的交流电。当定子磁场（定子场矢量：粉色）与转子磁场（转子场矢量：灰色）成90°时（即黄色与粉色线重合时），产生的转矩最大，因此，会采用磁场定向控制方案，红、绿、深蓝为三相绕组产生的磁场，只需要IGBT控制三相电流周期变化，定子磁场与转子磁场就会无时无刻形成理想的90°，如图8-1-5所示。

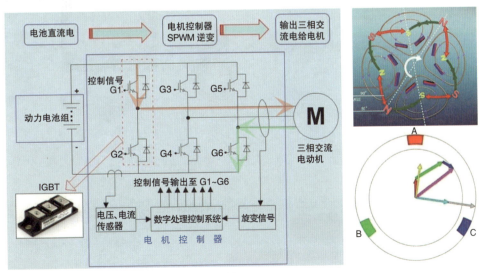

图 8-1-5

思考问题。请说说电机工作的原理。

（3）电控系统。

① 低压电系统。电动车的电控系统主要由整车控制系统、电池管理系统、电机控制系统、能量管理系统、充放电管理系统等组成。电控系统是一个整体协作的运行体系，各个系统之间需要进行信息交换，如图 8-1-6 所示。

整车控制系统负责收集加速踏板位置、制动踏板位置、车速、转速等信号，计算运行并将信息与电机控制系统和电池控制系统进行交流。

电池管理系统在上面已经说过，负责收集电池信息和控制动力电池供电及断电。电机控制系统需要控制电动机的停转和快慢。

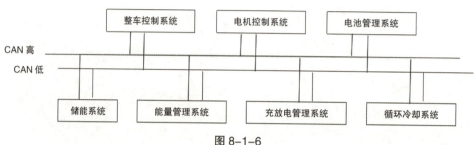

图 8-1-6

② 高压电系统。高压电供电由 H02 动力电池输出高压电，经 PEU 电源分配器将高压电分配到驱动电机、PTC 电加热器、EAS 高压空调泵以及由 DC-DC 转化为 14V 低压电。同时，快充和慢充同样需要经过 PEU 再将电充入到动力电池，如图 8-1-7 所示。

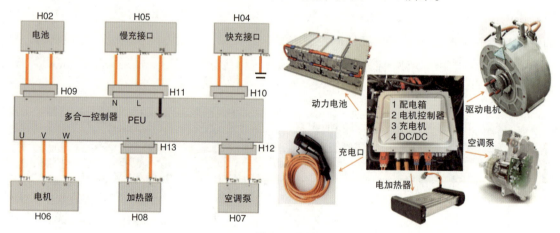

图 8-1-7

第二节　新能源汽车定损

一、动力电池定损

在保险事故中，动力电池常见有 3 种损坏形式，分别是电池进水、托底和车辆严重碰撞。

（1）水淹事故。动力电池多安装于车辆底盘，因此要求动力电池箱体必须达到一定的密封性，一般要求达到 IP67 或者以上的防护等级（IP67 可以把电池箱体放在水中，抵抗在 1m 水深浸泡 30min 以上）。

夏季因台风或暴雨导致车辆水淹，动力电池可能长时间在水中浸没，即使达到 IP67，也无法保证电池内部完全不进水。动力电池的插接件、泄压阀等都是可能进水的地方，但是，电池浸泡进水是一个缓慢的过程，一般在 6h 内可以保证不进水或者只进少量的水。10 万元以下的小电车由于工艺较差，进水的可能性也更大。

① 动力电池进水可能会导致哪些故障？

a. 电池因进水会触发绝缘故障，电池会被强制限电。

b. 电池因为泡水而导致生锈或漏液。

c. 电池的控制模块可能因为进水发霉。

② 新能源汽车水浸该怎么处理？（图 8-2-1）

a. 拍照车辆的水淹情况。车外水位线、车内水位线、电机舱水位线。

电池水淹定损指引

图 8-2-1

b. 检查动力电池进水点（图 8-2-2）。核实进水原因，电池外壳是否破损、电池高低压插接件是否有水迹，还有压力阀、维修开关等位置是否有进水痕迹。

c. 读取绝缘数据（如图 8-2-3）。使用诊断仪读取绝缘故障码、电池包的绝缘值，或者使用兆欧表读取绝缘值。

d. 检查结果：无进水迹象。对于检查易进水位置没有任何进水痕迹且绝缘数据均符合厂家要求的动力电池，应该做备案处理，且在 1 个月后再次回店进行绝缘值检测。

e. 检查结果：有进水迹象（图 8-2-4）。若核实是电池包进水，应该及时拆解电池包，

图 8-2-2

故障码显示				
比亚迪 V18.95 > 自动搜索 > 手动选择 > E5 >	满电次数	19	0 / 65535	次
动力网-电池管理系统_400	累计充电电量	1873	/	AH
U02A200 与主动泄放模块通讯故障	累计放电电量	1852	/	AH
动力网-车载充电器_7KW	累计充电电量	809	/	kwh
P158A00 电锁异常充电不允许	累计放电电量	800	0 / 65535	kwh
动力网-漏电传感器	历史顶端压差	0	0 / 5000	mV
P1CA100 严重漏电故障	历史底端压差	0	0 / 5000	mv
P1CA200 一般漏电故障	绝缘阻值	2405	/	KΩ

图 8-2-3

并对电池内部进行清洗。首先，应该将电池模组和控制单元板全部拆下；然后，使用大风扇吹干或者在较温和的阳光下晒干拆下的部件；最后，待检测绝缘值达到标准后，重新装包测试。整套流程下来需要 2~4 周时间。

若无法核实是否是电池包导致整车绝缘值降低，则应该断开所有高压用电器，并在配电箱位置对各处的绝缘值进行测量，从而锁定是哪个高压用电器出现绝缘问题。

③ 思考问题。动力电池进水如何定损？

图 8-2-4

（2）托底事故。由于动力电池安装在车辆底盘的缘故，动力电池托底也是常见的保险事故。

①损失拍照：查勘环节核实案件的性质（图8-2-5）。

动力电池托底事故的第一现场尤其重要。ⓐ现场环境是否合理；ⓑ碰撞物痕迹是否一致；ⓒ高度是否符合；ⓓ痕迹是否为旧痕；ⓔ是否涉及非法营运等行为。托底事故的查勘工作，需要查勘员利用自身技能，获取案件的关键细节性，从而判断事故的真实性。

图 8-2-5

②损失核定。

在定损环节，我们需要核定电池的损伤情况。首先，需要对电池的整体进行拍照；接着对受损痕迹的细节进行分析，然后测量电池变形凹陷的深度，最后拍照电池铭牌，锁定电池信息，如图8-2-6所示。

不仅在外观层面核定损失，我们还需要使用诊断仪读取电池管理系统的故障码和电池包的数据流来判断电池内部是否还存在损失，核实电池故障与碰撞事故的关联性。

（3）严重碰撞事故。

对于车辆发生触发气囊等严重事故，动力电池会设置一定的安全保护，保证严重的碰撞事故不会造成动力电池漏电，避免造成乘员的二次触电伤害。北汽品牌的纯电动汽车在触发气囊后，电池控制系统会触发故障码"碰撞故障"，并停止电池供电。只有当气囊系统的故

图 8-2-6

障完全排除后，才可以清除电池控制系统的"碰撞故障"，车辆才能恢复正常供电。其他品牌也设置了类似的安全保护，需要我们在定损过程中识别是否是由于该故障造成车辆启动的问题，如图 8-2-7 所示。

当然部分品牌如奔驰、宝马、大众、奥迪、极氪、特斯拉等发生触发气囊事故后，需要更换电池包内部的燃爆装置，部分车型还要更换电池包的 BMS 主板。

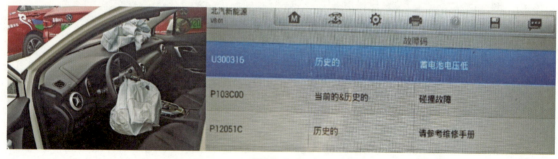

图 8-2-7

（4）思考问题（图 8-2-8）。

① 根据电池包标签，能说出电池的材料、电量（度数）、单体电池数量吗?

② 对于水浸电动力车，诊断仪读取整车绝缘值过低，是否就可以判断为电池包进水?

（5）损伤等级。

① 轻微碰撞。

轻微程度的托底，会造成电池底壳轻微变形，一定程度内的轻微变形无须更换电池底（MTP结构一般允许 8~10mm 内的变形量，如图 8-2-9 所示；CTP 结构，即需要核实变量位置是否

图 8-2-8

影响冷却液过流），要求厂家提供电池变形的参考标准，结合底壳变形考虑是否影响到用车的安全性。

电池底壳一般设有隔空层（如北汽、比亚迪等），轻微级别的变形不会造成电池模组损坏，但是在拆解电池前，仍必须通过读取故障码及数据流确认电池内部是否有损坏。存在气密封性不良的风险时，可以通过气密性测试，检查电池箱的密封性能。（检查气密封性的方法：选取一个插件口作为打气口，其他插件口密封。加气使用压力达到 30kPa，保压 1min，再用肥皂水检查是否有漏气的地方）

图 8-2-9

② 中等碰撞（图 8-2-10）。中等程度的托底，造成电池底壳较大程度变形或者穿裂，较大的底壳变形会挤压到上方的电池模组。中等程度的碰撞，一般涉及电池和个别电池模组

图 8-2-10

损失。

③ 严重碰撞（图 8-2-11）。严重程度的托底，会造成整个电池底壳严重受损，多个电池模组破损。为保证车辆的安全，应尽快断开电池的维修开关及插头，将电池解体并更换壳体及受损模组。纯电动汽车的动力电池价格高昂，一般达到整车 60% 以上，甚至有高于整车的销售价格的。在损失可能超过可维修金额的情况下，可以考虑是否达到推定全损处理，其次电池包整体更换，应该考虑将电池包进行拍卖处理，其价值的确认方法是：电池容量 × 电量单价 × 受损系数 × 品牌折扣（如宁德时代的电池为 200~350 元 /kW·h，价格会随着市场变化而变化）。

扩大损失。动力电池壳发生碰撞穿裂后，若未及时维修，可能会导致水汽进入动力电池内部，轻则报绝缘故障，车辆无法上高压电，重则会导致电池模组或者电控模块损坏。

图 8-2-11

二、电动机定损

电动机的应用技术成熟，且工作环境也比发动机好，在几乎密封的环境下工作，因此电动机的故障率很低。电动机的外壳坚固，一般不容易损坏。若碰撞造成外壳变形或者损坏，可以尝试进行外观修复。电动机因其可靠性高，较少出现在保险理赔中，但我们也应该对电动机可能发生的保险事故有所了解，长期浸泡的电动机也可能会进水，此时需要对电动机进行大修清洗。

电动机旋变插头也可能在碰撞事故中损坏，其作用是监测电机的转速和位置，并将其反馈给电机控制器。旋变传感器一般有 6 根线，分别对应正弦线、余弦线和励磁线。（以下提供某车型的电阻值参考：正弦线：$46 \times (1 \pm 10\%)\ \Omega$；余弦线：$50 \times (1 \pm 10\%)\ \Omega$；励磁线：$20 \times (1 \pm 10\%)\ \Omega$。）

电机长期使用过程中，可能会产生异响，异响一般不属于保险责任，其是由于电机内部的轴承磨损导致高速转运时产生的摩擦声音，此时一般由第三方维修公司对轴承进行单独更换，如图 8-2-12 和图 8-2-13 所示。

图 8-2-12

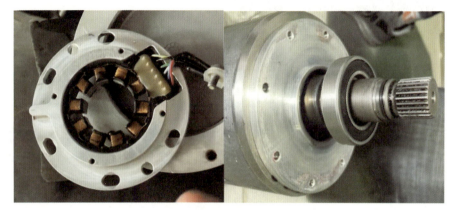

图 8-2-13

三、电控系统定损

新能源电动车控制的原理是通过低压电控制系统去控制高压电。高压电供电系统中不存在控制模块，高压电仅作为能量供应给各用电器。控制系统除了对低压电用电器进行供电和控制外，还需要对高压用电器进行控制。动力电池内部有 BMS 电池控制模块，还有数块电池模组监控数据模块，BMS 通过控制动力电池内部继电器的通断，从而实现动力电池的高压电输出及断开。

电控系统是集中在发动机舱的多合一控制器，定损工作较多。如图 8-2-14 所示，其内

图 8-2-14

部组成包括配电箱、充电机、DC/DC、电加热器、电机控制器，既包含低压电的控制模块，也包含高压电的用电设备。没有集成在内部的空调泵也是故障的高发部件，常见的是绝缘故障、线圈短路等故障。

四、其他定损

新能源汽车定损的问题不局限于碰撞和故障，还包括动力电池保修、维修费用不透明、人为设置技术壁垒、动力电池运输费用等。建议采用以下举措，提高理赔定损的主动性。

由保险公司与新能源厂家对材料及工时进行确认，能保证维修价格的真实性，由保险公司汇总各品牌电池的维修价格参考标准。

换修标准应该结合国家标准或者实际损伤确认，而不是仅仅由厂家从自身利益考虑出具的鉴定报告来确定。

开拓第三方技术公司对动力电池进行维修及保修，打破厂家对维修的垄断。

第三节　新能源汽车常见故障

一、绝缘故障

高压电会电伤人，因此新能源汽车要求高压电部件的外壳必须有一定的绝缘性能，一旦绝缘性能不达标，BMS 就会控制继电器停止电池向外供电，以保证乘员安全。

绝缘监测仪与各高压用电器并联，一旦其中一个用电器的绝缘性能过低，监测仪会将信息发送到 BMS，由 BMS 控制动力电池断电。

绝缘故障原因一般是进水，也可能是高压绝缘层破损，导致自身绝缘性降低。

绝缘故障的处理方法是，首先通过检测确认哪个高压部分绝缘值降低，再对高压部件进行维修或者更换处理，如图 8-3-1 所示。如果是电池包进水，即需要进行拆解、吹干、风干等处理。

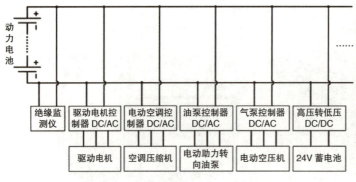

测量对象	标准参数
动力电池端正、负极输出端子	大于 500MΩ
动力电池线束端正、负极输出端子	大于 500MΩ
车载充电机正、负极	大于 20MΩ
空调压缩电机正、负极	大于 20MΩ
PTC 正、负极	大于 500MΩ
电机控制器正、负极	大于 20MΩ

图 8-3-1

二、高压互锁故障

为保证使用和维修安全，一旦高压线束的插头松脱或者断开，BMS 就会控制继电器使动力电池断开对外供电，保证松脱的插头不带电。

高压互锁故障原因一般是高压插头没有插好，也可能是互锁线路出现故障。

高压互锁的处理方法是，首先需要通过测量整体高压互锁线路的通断来锁定哪个高压部件或者是哪段互锁线路出现互锁故障，然后对于某个高压部件或者高压插头可以采用短接互锁针脚来判断准确的故障点，如图 8-3-2 所示。

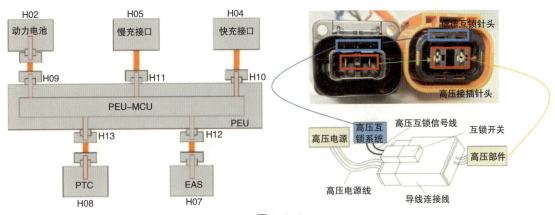

图 8-3-2

三、预充电失败

为保证高压线路的安全，防止启动瞬间的大电流对线路或者继电器产生冲击，新能源电动车一般设有预充电过程。

预充电的过程包括低压电验证和高压电验证两部分，只有每一步都验证成功，才能最终上电。正极继电器与负极继电器在电池包内，预充继电器在多合一控制器内，如图 8-3-3 所示。

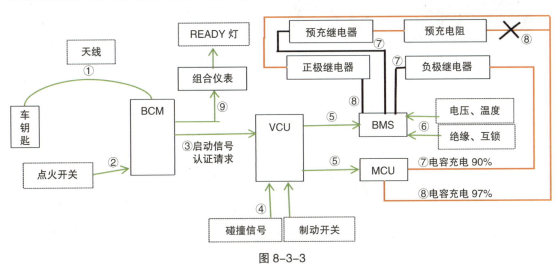

图 8-3-3

（1）验证。车钥匙通过天线将密码与 BCM 进行验证。

（2）点火。点火开关打开→ BCM。

（3）启动请求。BCM → VCU。

（4）低压电信号验证。碰撞信号、制动开关等。

（5）高压电控制模块。通知 BMS 及 MCU 准备上高压。

（6）高压电池信号验证。电压、温度、绝缘、互锁等。

（7）预充电。负极继电器 + 预充继电器导通，直到 MCU 的电容上电 90%。

（8）正极继电器。正极继电器导通，预充继电器短路，直到 MCU 的电容上电 97%。

（9）READY 灯。BCM 通知 READY 灯点亮。

预充失败也就是不能上高压电的意思，其产生的原因可能是车钥匙、制动开关、挡位信息、碰撞信号、绝缘、互锁、控制模块、继电器等因素，也就是说，预充失败不是根本故障，需要检查判断是哪个具体原因导致不能上电。

第四节　案例分享

一、猎豹碰撞未及时维修导致绝缘故障案例

（1）案件信息（图 8-4-1）。

① 案情。猎豹电动车雨天行驶在积水路段时，车辆突发故障，无法行驶。

② 故障。

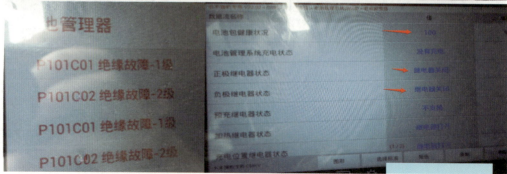

图 8-4-1

a. 经检查发现电池底壳有磕碰破损。

b. 车辆存在绝缘故障，报损更换电池包总成。

③ 思考问题。

a. 电池底壳破损、电池包进水、绝缘故障三者的关系？

b. 如何合理维修？

（2）案件分析（图8-4-2）。

① 破损口为旧痕，车辆磕碰底壳后未及时维修，导致雨天经过积水路段，电池包进水，电池包进水后导致绝缘性能下降。

② 拆解后核实电池包仅内部少量进水，更换底壳即可。

（3）知识拓展。

① 电池包的密封性能达到 IP67 以上，一般不轻易进水，遇到涉水进水案件，在查勘环节更需要核实破损痕迹是否旧痕，现场是否有相对应的碰撞物。

② 应该尽快拆解处理。

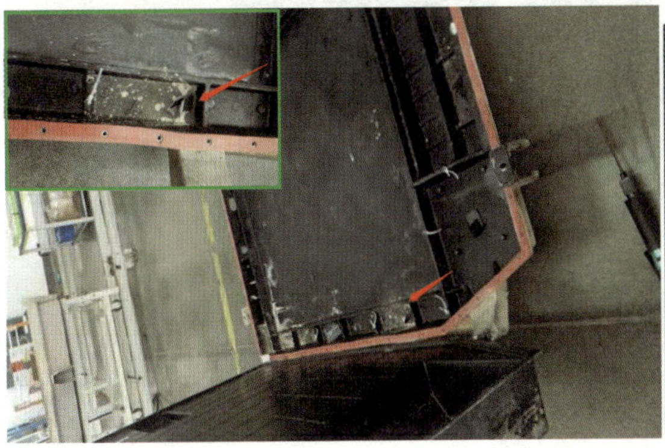

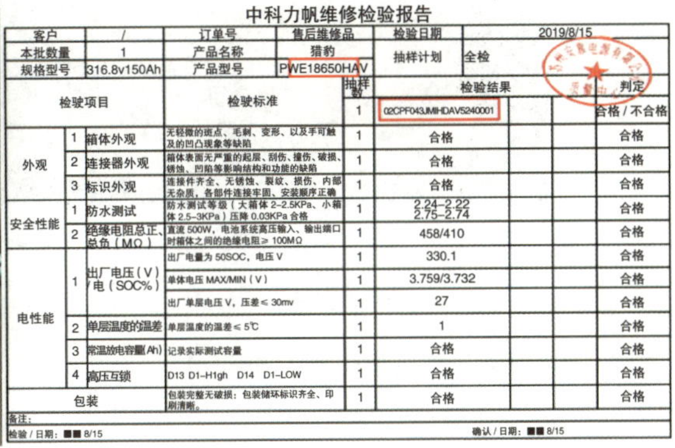

图 8-4-2

二、江淮电动车水淹及电池包进水案例

（1）案件信息（图8-4-3）。

① 案情。江淮电动车，停放水浸。

② 故障。

a. 车外水位线，大灯中位。

b. 车内水位线，方向盘下沿。

c. 发动机舱水位线，多合一控制器上盖。

d. 进水点。电池包插头有水，多合一控制器插头未见进水。

③ 思考问题。

a. 电池包插头有水，下一步如何安排？

b. 其他高压用电器如何处理？

（2）案件分析。

图 8-4-3

① 电池包有进水迹象的，必须尽快安排开盖确认内部情况。

② 经检查电池包内部少量进水。

③ 解体电池包，并吹干、风干模组，待绝缘值上升后，重新安装测量。

（3）知识拓展（图 8-4-4）。

① 检查进水点、读取绝缘值、检测绝缘值是判断电池包是否进水的重要依据。

图 8-4-4

② 有进水迹象的，必须开包检查；没有进水迹象的，进行备案并要求在 1 个月后再次到店进行二次绝缘检测。

③ 模组风干：可以用风扇吹或者在柔和阳光下晾晒。

④ 风干到何种程度？直到绝缘值上升到合格标准内，一般需要 2~4 周时间。

三、亚洲龙混动电池包进水案例

（1）案件信息（图 8-4-5）。

① 案情。亚洲龙，停放期间水浸。

② 故障。

a. 水位线是座椅坐垫中位。

b. 打开电池上盖，电池浸过 3/4。

c. 电源模块发霉。

d. 维修单位提出需要更换电池总成。

③ 思考问题。

a. 电池是否浸到就需要更换？

b. 如何处理混动电池？

图 8-4-5

（2）案件分析。

① 拆散电池附件，目测各个部件的损坏情况。

② 测量电池总电压为 266V，单体电压均为 7.8V 左右，电压正常。

③ 使用气枪吹干电池间隙水分，并晾干、风干数天。

④ 装车测试。

（3）知识拓展（图 8-4-6）。

① 丰田混动使用镍氢电池，其能量密度较低，单个电芯标准电压为 1.2V，一个单体由 6 个电芯组成，即为 7.2V，整个电池有 34 个单体，即为 244.8V。

② 混动电池放置在车厢内，完全没有密封性能，遇到水淹情况，应该尽快拆卸，并放置在干燥位置。

③ 混动电池的清理和普通大电池一样，都是拆解、吹干、晾干、装车测试的步骤。

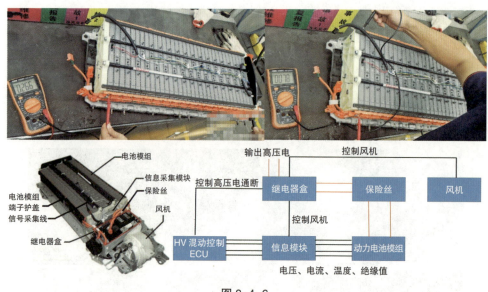

图 8-4-6

四、北汽后台鉴定数据分析案例

（1）案件信息（图 8-4-7）。

① 案情。北汽 EU5，行驶过程中底盘刮碰石头，电池底壳受损。

② 故障。拆开电池后，发现继电器盒、电池模组，BMS 主板损坏。

图 8-4-7

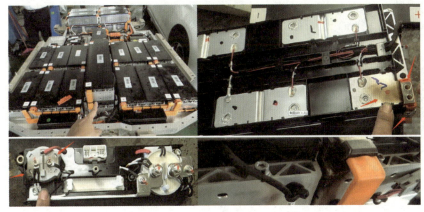

北汽后台监控数据

图 8-4-7（续）

③ 思考问题。到店时，配件已被拆，如何核实项目损坏与碰撞是否相关?

（2）案件分析。

① 配件已拆，无法通过安装痕迹核实项目是否调包。

② 后台数据显示出险时间正常。

（3）知识拓展（图 8-4-8）。

① 按国家要求，所有新能源汽车厂家都必须配置后台监控数据。

② 当遇到争议损失时，可以要求厂家提供数据，证明损失的合理性。

③ 电池包数据、电机数据、故障数据等。

图 8-4-8

五、比亚迪高压互锁故障案例

（1）案件信息（图 8-4-9）。

① 案情。比亚迪 E5 前部严重碰撞事故，前部高压线束受损，多合一控制器插头受损。

② 故障。插头经外修公司重新黏结修复，但车辆无法上电，检测故障显示"高压互锁故障"。

③ 思考问题。

a. 高压互锁一般是插头问题吗?

b. 是否存在人为因素?

图 8-4-9

（2）案件分析。

① 插头维修工艺极差，推断可能是造成故障的原因。

② 检查低压插头 1 号与 7 号电阻，电阻过大，说明确实是多合一内部故障。

③ 由第三方更换插头后，故障排除。

（3）知识拓展（图 8-4-10）。

① 确认高压互锁发射器集成在哪个模块中。

② 发射端作一端子，按照接连顺序，依次测量其导通性，直至测量到某个节点出现断路。

③ 采用短接断点的方法，看看故障能否排除。

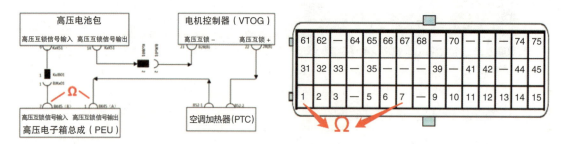

图 8-4-10

六、帝豪充电机高压互锁故障案例

（1）案件信息（图 8-4-11）。

① 案情。帝豪 EV 前部严重碰撞，经拍照确认，充电机高压插头及两个水管接头破裂。

② 故障。外修插头后，出现高压互锁故障，维修单位要求更换充电机。

③ 思考问题。

a. 是否维修插头导致高压互锁故障？

b. 如果是人为的，如何检测？

图 8-4-11

（2）案件分析。

① 维修时更换了受损零件，新换的零件质量可靠。

② 经检查发现是高压插头的互锁针脚退针。

（3）知识拓展（图 8-4-12）。高压互锁故障原因除了退针外，还包括互锁上盖被打开、高压插头断裂、互锁导致插接器断开等。

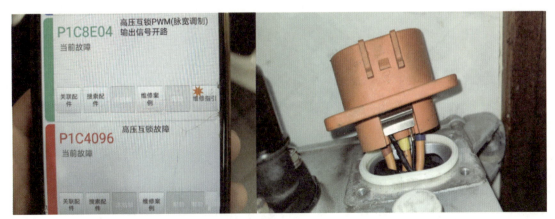

图 8-4-12

七、北汽爆气囊无法上电案例

（1）案件信息（图 8-4-13）。

① 案情。北汽 EU5 碰撞底盘，前桥受损，主副气囊触发。

② 故障。更换前桥、主副气囊、安全带，气囊控制单元后，车辆仍无法上电。维修单位称需要厂家上门维修电池。

③ 思考问题。

a. 事故有没有碰撞到电池？

b. 无法上电的原因是什么？

图 8-4-13

（2）案件分析。

① 仪表无故障灯、诊断仪检测显示没有故障。

② 读取气囊控制单元数据，发现气囊控制单元车架号码与车身不一致，经沟通了解，买了二手的气囊控制单元。

③ 让其更换新的气囊控制单元，故障排除。

（3）知识拓展（图 8-4-14）。

① 若系统中存在故障"碰撞故障"，则 BMS 会强制不让电池上电。

图 8-4-14

② 另外像特斯拉、大众 ID 系列、奔驰、极氪等品牌触发气囊后，需要更换电池内的燃爆器后才能够上电。

八、北汽电池模组温度异常案例

（1）案件信息（图 8-4-15）。

① 案情。北汽 EU5 底盘刮碰石头，动力电池底壳受损。

② 故障。存在 4 个温度异常，需要更换底壳和 4 个温度异常的模组。

③ 思考问题。

a. 事故是否真实？

b. 传感器损坏与碰撞是否相关？

c. 温度传感器能否修复？

图 8-4-15

（2）案件分析（图 8-4-16）。

① 受损位置与现场石头卡住底盘的位置不符合。

② 受损位置有三个新旧方向不同的痕迹，判断是多次人为加工处理。

③ 测量温感电阻，电阻与数据流反映一致，判断模组温感确实损坏。

④ 受损模组没有碰撞挤压痕迹，且其安装位置与碰撞位置不符合。

⑤ 建议剔除加工痕迹部分及与碰撞无关的受损模组。

（3）知识拓展。

① 温感头分出两根线，测量两线的电阻值可以判断温感是否损坏（如 18℃ 对应 10kΩ）。

② 温度与电阻呈反比，温度越高，电阻越小。

③ 可以采购相同温度曲线的热敏电阻来取代损坏的传感器。

图 8-4-16

九、北汽空调泵绝缘故障案例

（1）案件信息（如图 8-4-17）。

① 案情。北汽 EU5 发生前部碰撞事故，事故造成该车前部严重受损。

② 故障。维修过程中发现空调泵出现绝缘故障，提出需要更换空调泵。

③ 思考问题。

a. 碰撞是否会造成空调泵绝缘故障？

b. 除了测量绝缘，还可以如何核实空调泵的问题所在？

高压空调泵绝缘

图 8-4-17

（2）案件分析。

① 单独检测空调泵绝缘值为 0.0MΩ，判断空调泵确实不行。

② 检查插头，未见进水；检查雪种油，未见进水。

③ 开盖检查，发现控制单元板内部进水。

④ 本次事故是碰撞，空调泵电脑板进水与事故无关。

（3）知识拓展（图 8-4-18）。

① 空调泵绝缘是新能源汽车的通病，第一原因是空调泵进水，第二个原因是线圈短路（过载）烧坏。

② 空调泵的绝缘值要求比电池包低，一般情况下 5~10MΩ 就足够。

图 8-4-18

图 8-4-18（续）

十、比亚迪模组鼓包案例

（1）案件信息（图 8-4-19）。

① 案情。比亚迪 E5 刮擦底盘事故，事故造成电池底壳表面轻微变形。

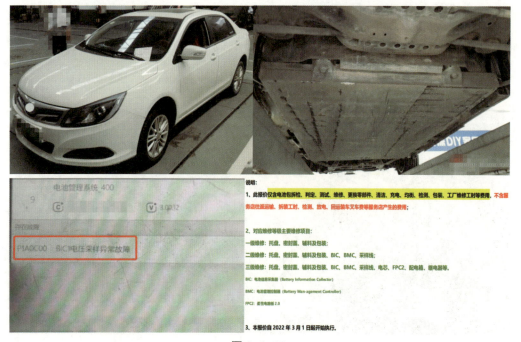

图 8-4-19

② 故障。经检查发现电池存在"采样故障"，需要更换电池底壳及模组，报损二级维修。

③ 思考问题。

a. 碰撞事故是否真实？

b. "采样故障"与碰撞是否相关？

c. 定二级是否合理？

（2）案件分析。

① 碰撞仅造成底壳变形，变形程度不足以挤压到模组。

② 要求厂家提供后台数据，核实采样故障产生的时间，厂家不配合。

③ 要求当面拆解电池，核实电池故障位置与碰撞位置是否相关，厂家不配合。

（3）知识拓展（图 8-4-20）。

① 磷酸铁锂电池鼓包发胀，导致采样线接触不良，是该款电池的通病。

② 需要警惕汽车运营公司，借制造假事故来维修采样故障。

③ 改装的单条采样线约 100 多元，拆装电池及更换采样线的费用也不高。

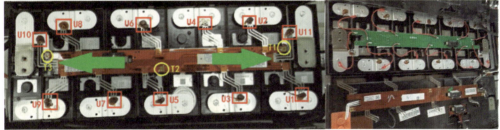

图 8-4-20

十一、特斯拉涉水行驶电池包进水案例

（1）案件信息（图 8-4-21）

① 案情。特斯拉出现故障到店检查，发现是绝缘值过低，维修单位称是车辆涉水行驶导致电池进水，指引客户报保险处理。

② 故障。绝缘故障导致车辆无法上电。

③ 思考问题。是否进水？哪里进水？

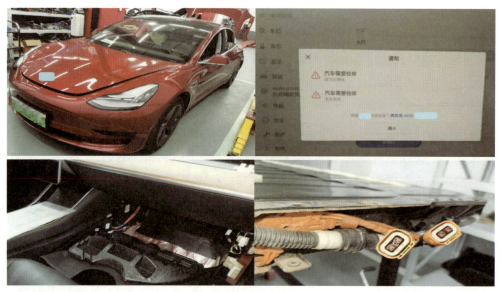

图 8-4-21

（2）案件分析（图 8-4-22）。

① 检查车厢内部、线束插头、压力阀均未发现进水痕迹，电池底壳完好，未见穿裂。

② 由售后服务中心检测电池气密性，气密性良好。

③ 外观良好，且没有浸水痕迹的情况下电池包进水，属于自身质量问题，由厂家自行负责。

（3）知识拓展。

① 经与厂家售后沟通，同意在无水浸及碰撞受损情况下，电池包进水由厂家自行保修。

② 特斯拉泄洪阀内部膨胀，打开泄压时刚好与水接触，泄洪阀无法立即关闭，且因为进水张开，导致更多水进入。

③ 一般泄洪阀打开，水只会进入到控制器区域，不会进入电池区域。

✕ 🔲 **行业资讯** ⋮

车主不相信南京特斯拉的说法，继续要求第三方来检测。（这里省去一万字的车主周折，反正无论怎么投诉，车主用了各种手段，售后中心一口咬定车主自己造成的电池损坏让他自己去鉴定想办法）

车主态度非常坚决，投诉到媒体，投诉到市场监督管理局，最后售后中心才把电池寄到特斯拉上海工厂送检，上海工厂的检测结果显示：车主的电池损坏原因是电池本身的质量问题，而非南京特斯拉所说的"行车涉水"导致。

图 8-4-22

十二、比亚迪绝缘故障点检测案例

（1）案件信息（如图 8-4-23）。

① 案情。比亚迪宋 PLUS 停放遭水淹，水位线位于座椅垫中间。

②故障。绝缘值低，车辆无法上电，检查电池包高压插头及低压插头未见进水。

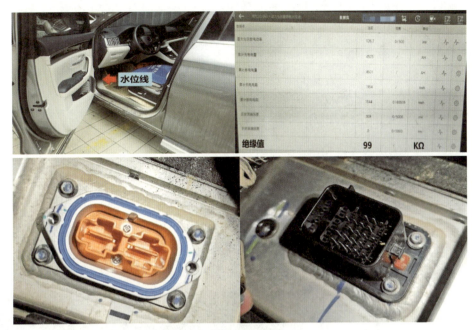

图 8-4-23

③思考问题。绝缘值低是否证明电池包进水？怎样检测电池包是否进水？

（2）案件分析（8-4-24）。

①绝缘值是基于整车连接情况下的绝缘值。

②在配电箱位置断开所有高压用电设备，并反向检测每一个设备，确认电加热器的绝缘

图 8-4-24

值只有 0.01MΩ。

③ 拆解后进一步检测，确实电加热器内部进水。

（3）知识拓展。

① 绝缘值低并不能证明就是电池包进水。

② 配电箱是连接各个高压设备的节点。

十三、某品牌制作虚假报价单案例

（1）案件信息（图 8-4-25）。

① 案情。一般是托底事故，造成电池底壳变形或者破损。

② 虚假报告。部分售后服务中心冒充 TSL 电池维修厂家，出具虚假的电池鉴定报告。

③ 虚假报价。有全国统一的电池维修价格；个别售后服务中心冒充 TSL 电池维修厂家，出具虚假的电池报价单，或者以初次诊断报价虚假索赔。

④ 假公章。有个别经销店私制假公章，骗取理赔金。

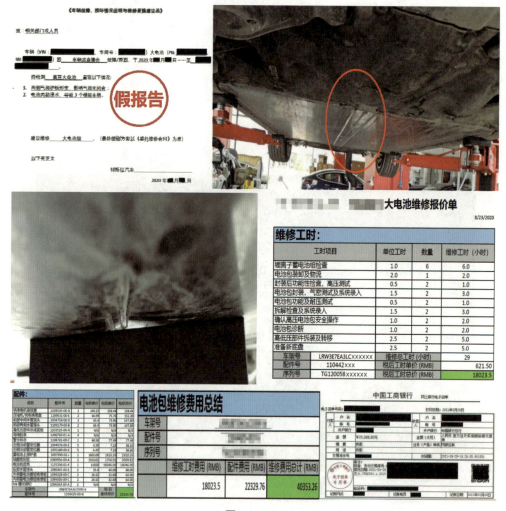

图 8-4-25

⑤ 转账回执。部分转账回执是假回执。

（2）真实维修价格及报价单模板。

① 报价单（LG）。底壳 9994 元，总价 26427 元。

② 报价单（宁德时代）。底壳 9994 元，总价 26061 元。

（3）知识拓展。

① 某些品牌存在虚报维修的情况。

② 某些品牌损伤定级也存在虚报情形。

③ 知道定级定价的依据，才是防范的有效方法。

第五节　思考问题

（1）能说出电池的内部结构吗？

（2）能说出新能源汽车上电过程吗？

（3）如何检测来锁定高压互锁的位置？

（4）如何检测来锁定绝缘故障的位置？

（5）电池包进水后的处理方法有哪些？

（6）采用哪些举措能有效识别电池托底的虚假案件？

（7）如何确认电池维修报价是否真实可靠？

第九章　发动机定损

第一节　发动机构造

发动机按构造可以分为两大机构的五大系统，分别是曲轴连杆机构、配气机构和燃油供给系统、点火系统、冷却系统、润滑系统、启动系统。

（1）曲轴连杆机构（图9-1-1）。主要由机体组、活塞、连杆、曲轴和飞轮组成。

涉及理赔问题：

①进水。车辆涉水行驶，发动机进水造成连杆弯曲、断裂，活塞环或者活塞与缸壁刮擦，连杆断裂打穿中缸、大油底等。

②过热。冷却液泄漏，导致发动机过热，缸体变形，活塞环拉花缸壁。

③缺机油。撞穿油底壳或者机油堵塞等原因，导致缺机油，发动机失去润滑，首先凸轮轴、曲轴会产生烧蚀，然后是活塞环刮伤缸壁。

④正时。由于链条过松及其他原因导致正时跳齿，会造成气门顶活塞。我们需要判断发动机损失是由自身故障问题还是保险事故造成。

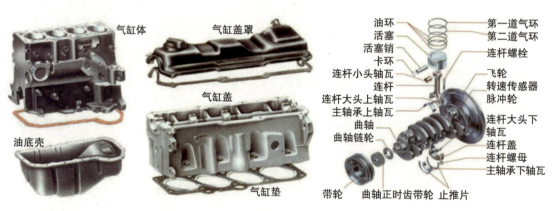

图 9-1-1

（2）配气机构（图9-1-2）。主要由进气门、排气门、气门弹簧、凸轮轴和正时齿轮组成。

涉及理赔的问题：

①缺机油导致凸轮轴烧蚀。

②正时跳齿，导致气门顶到活塞。

（3）燃油供给系统。主要由燃油箱、汽油泵、汽油滤清器、炭罐、高压油泵、喷油器、油轨组成。

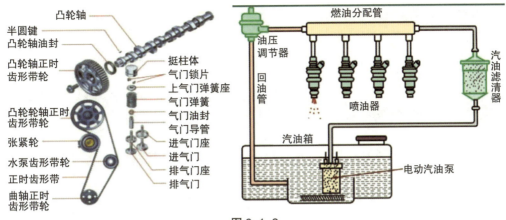

图 9-1-2

涉及的理赔问题：

① 燃油箱刮擦，若仅表面刮擦，没有凹陷变形，不影响使用。

② 炭罐进水，可以尝试拆下来吹干后，重新装车测试。

（4）点火系统（图 9-1-3）。主要由蓄电池、点火开关、点火线圈、火花塞组成。

涉及的理赔问题：

① 蓄电池挤压损坏。

② 亏电损坏，车辆发生水淹或者严重碰撞事故，导致车辆亏电后，长时间没有低压产生，可以先尝试激活处理。建议对于此类事故先做好电池充电工作，尤其是 48V 电池。

③ 触发气囊事故，48V 电池数据丢失，需要外修公司重新刷新数据。

④ 发机动进水事故不会造成火花塞损坏。

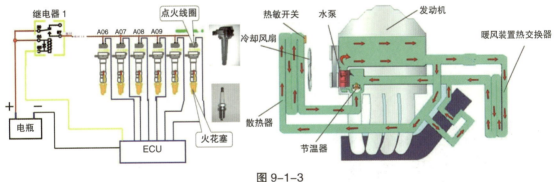

图 9-1-3

（5）冷却系统。主要由水箱、风扇、水泵、水温传感器、副水壶、三通、节温器组成。

涉及的理赔问题：

① 水箱、风扇碰撞挤压损坏。

② 水箱、水管漏水，没有及时熄火，造成发动机过热。

（6）润滑系统（图 9-1-4）。主要由集滤器、机油泵、旁通阀、限压阀、机油滤、机油压力传感器等组成。

涉及的保险问题：

① 油底壳穿裂，车辆没有及时熄火，发动机缺机油，导致内部损失。

② 翻车导致发动机缺机油或者机油倒灌气缸内，顶弯连杆。

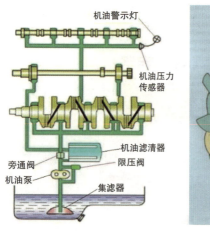
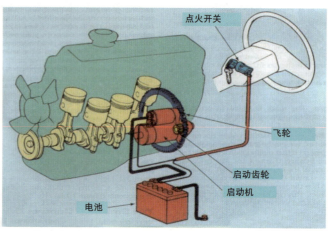

图 9-1-4

（7）启动系统。主要由启动机组成。

涉及的保险问题：长时间水浸锈蚀，建议风干除锈润滑。

第二节　发动机的损伤类型

一、发动机进水

雨天积水路段，车辆涉水行驶，一旦水位或者激起的波浪超过进气口，水就会被吸进发动机。由于水几乎不可压缩，在压缩行程时，活塞无法上升，最薄弱的连杆就最有可能产生弯曲变形。此外，翻车事故机油倒灌、冲缸冷却液进入、发动机改大功率都可能导致连杆断裂事故，如图 9-2-1 所示。

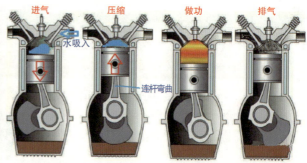

图 9-2-1

（1）处理方法见表9-2-1。

表9-2-1

受损程度	处理方法
无损	清理积水；更换机油、机油滤、空气格
轻度	拆散发动机，更换轻微变形的连杆及一次性密封件
中度	拆散发动机，更换严重变形的连杆及一次性密封件；更换或者修复连带受损的活塞、缸体等
重度	连杆断裂，打穿缸体，应更换断裂的连杆、受损的缸体和其他连带的受损部件

（2）无损。发动机气缸内进水，但仅造成发动机熄火，使用发动机免拆工具测量或者开缸盖测量，判断连杆没有弯曲变形，此时需要拆下进气管道、进气歧管、中冷器对进气管道进行吹干处理。接着使用气枪吹干气缸，并倒入少量机油后吹散，转动曲轴使缸壁得到润滑。松开排气管下端螺丝，保证排气管内的积水放干。最后安装火花塞，并着车观察，如图9-2-2所示。

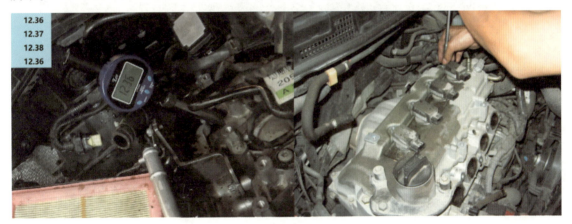

图 9-2-2

（3）轻度受损。发动机进水，仅造成连杆轻微变形，此时仅需要更换变形的连杆和气缸垫等一次性密封件，如图9-2-3所示。

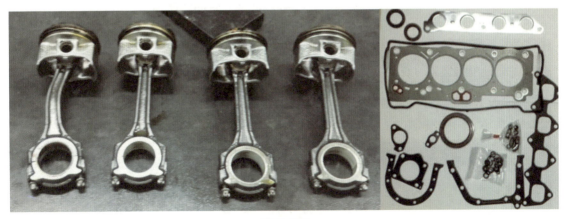

图 9-2-3

（4）中度受损（图9-2-4）。当发动机进水导致连杆严重变形时，连杆的弯曲点会磕伤气缸壁下缘，同时活塞运行高度降低，活塞裙会刮到气缸壁下缘的磕伤处，导致活塞也受损；或者当发动机进水导致多个连杆扭曲变形或者严重变形，活塞倾斜运动，从而导致活塞拉伤缸壁。这种情况下，应该更换变形的连杆和刮伤的活塞，而对于气缸的维修方法，应该根据实际情况去判断，如果仅是下缘位置磕伤，建议打磨光滑即可；如果拉伤的是活塞环的工作区域，可以结合镶缸套的方法进行维修。

图 9-2-4

（5）严重受损（图9-2-5）。进水瞬间，发动机内部运行的功率很大时，可能会导致连杆直接断裂，断裂一端的连杆还跟着曲轴转动，此时就可能导致直接打穿缸体。对于此类型的受损情况，应该更换断裂的连杆、受损的缸体和其他连带的受损部件。

图 9-2-5

（6）思考问题。

① 发动机进水，无损和轻度受损的概率最大，你能说出轻度受损需要更换哪些零件吗？

② 严重变形的连杆如何磕伤缸壁？活塞裙部又是如何连带受损？

③ 活塞是扩损和换件争议最大的部件，应如何防扩损？如何判断换件标准？

二、发动机过热

由于冷却液不足、节温器失效、冷却风扇失效等原因，造成发动机过热，发动机损伤从热量最大的燃烧室位置向外扩大，依照过热时间的长短，造成发动机内部不同等级的受损。我们可以通过检查冷却液液位是否过低、测量缸压大小或者使用内窥镜观察气缸内是否有冷却液泄漏，来判断是否存在发动机过热受损现象。另外，我们还需要注意是否是因为水泵、节温器、电子扇等故障导致水温过高。

（1）发动机过热处理方法见表9-2-2和图9-2-6。

表9-2-2

受损程度	处理方法
无损	仅仪表提示水温，及时熄火，未造成发动机损失；及时解决水温高问题
轻度	冲床，仅造成气缸垫密封胶热熔，冷却液涌到气缸内：更换气缸垫
中度	冲床且缸盖变形：更换气缸垫，对于缸盖按变形程度决定磨平面或者更换
重度	冲床且缸盖和缸体变形、发动机上的塑料件热熔： 更换气缸垫，对于缸盖和缸体按变形程度决定磨平面或者更换，更换热熔塑料件

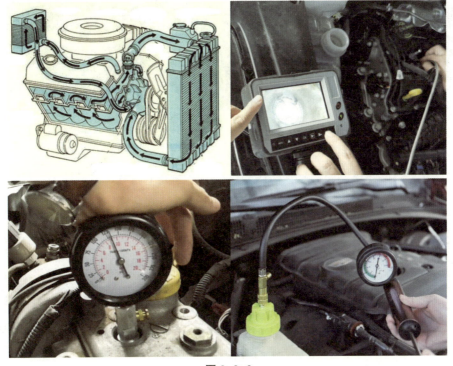

图 9-2-6

（2）无损。

仅仪表提示水温高，车辆及时熄火，未造成发动机损失。

（3）轻度受损（图9-2-7）。发动机过热时间不长，仅造成气缸垫受损破损，冷却液渗漏到气缸内，仅需开缸盖更换气缸垫即可。

图 9-2-7

（4）中度受损（图9-2-8）。发动机过热时间较长，气缸盖持续升温，长时间的过高温度导致气缸盖拱起变形，轻微变形可以通过磨平面修复，严重变形需要更换气缸盖。

图 9-2-8

（5）严重受损（图9-2-9）。发动机长时间过热运转，不仅造成缸盖变形，甚至连缸体也出现受热变形。此时可以使用缸平面尺和塞尺测量变形量。若变形量较小，可以研磨缸平

图 9-2-9

面；若变形量较大，即需要更换气缸盖。另外，还需要使用量缸表测量气缸的圆度和圆柱度，以变形量判断是否需要镶缸套处理。

发动机主体上的塑料件或者与其连接的塑料件会因为热传递，导致出现热熔现象。

三、发动机缺油

车辆发生磕伤发动机油底壳的事故后，如果机油漏光后，车辆还继续行驶，就很有可能造成发动机内部因缺油而发生损伤。发动机内部需要润滑的部分是凸轮轴、曲轴和缸壁，因此在缺失机油的情况下，这些部件也是首先受到损伤。

（1）处理方法见表9-2-3和图9-2-10。

表 9-2-3

受损程度	处理方法
无损	发动机缺油后及时熄火，未造成损失：更换受损油底壳
轻度	缺油后还运行相当一段距离，凸轮轴轻微磨损：结合磨损程度判断是否需要更换凸轮轴
中度	缺油后运行较长一段距离，凸轮轴和曲轴严重磨损：更换凸轮轴、曲轴和轴瓦
重度	缺油后运行很长一段距离，除凸轮轴和曲轴外，还造成活塞和缸体磨损：更换相应的磨损件，缺体镶缸套处理

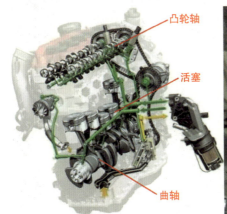

图 9-2-10

（2）无损（图9-2-11）。车辆发生油底壳磕碰撞事故后，及时熄火停车，发动机没有受损，此时单独更换受损的油底壳和其他直接磕伤的配件即可。

（3）轻度受损（图9-2-12）。因缺油，凸轮轴或者曲轴发生轻微拉花，可以用手指触摸其拉花位置感觉是否起槽来判断受损程度。轻微拉花没有起槽的，可以稍加打磨使用或者直接装车测试使用。测试过程中，转动发动机没有卡滞，启动发动机后没有异响，机油压力正常即可。

（4）中度受损（图9-2-13）。缺机油的情况下，车辆还持续运行相当一段时间，凸轮轴或者曲轴会产生严重拉伤，此时应该更换凸轮轴、曲轴，甚至连缸盖也需要更换。

图 9-2-11

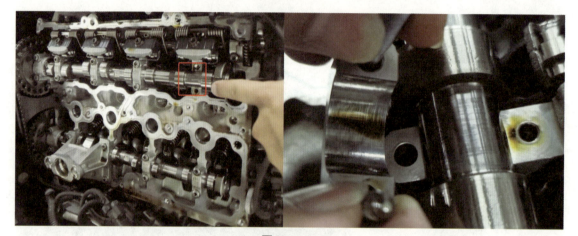

图 9-2-12

图 9-2-13

（5）重度受损（图 9-2-14）。凸轮轴、曲轴在缺机油时，其受损的次序是先是活塞和缸壁，因为凸轮轴和曲轴是使用压力润滑，而活塞和缸壁是使用飞溅润滑，高速旋转的轴承位置磨损更严重。若此情况下造成活塞和缸壁严重拉伤，就应当更换活塞、活塞环，缸体也应该结合镶缸套处理。

图 9-2-14

四、正时跳齿

当发动机内部齿条松动跳齿，可能会使气门撞击到活塞顶，从而造成气门弯曲变形。此类型故障的特征有以下三点：第一，同一侧的气门同时受损；第二，会在每一个活塞顶的相同位置上留下相近的痕迹；第三，可以通过拆开正时盖，观察正时标识来判断是否跳齿。此类故障一般是由于链条使用时间长拉长了，或者导轨、链顶等正时配件损坏导致，一般情况下与保险事故关联性不大，如图 9-2-15 所示。

图 9-2-15

（1）处理方法见表9-2-4。

表9-2-4

受损程度	处理方法
无损	跳齿但未造成发动机损失：调整正时或者更换拉长的链条
轻度	跳齿仅造成气门变形：更换气门及气门密封件
中度	跳齿造成气门、活塞变形，并磕伤缸盖：按损失程度判断是否需要更换
重度	跳齿造成气门顶活塞、气门断裂，发动机持续运转，造成气门、活塞、缸盖、缸体严重受损：需要更换受损的气门、活塞、缸盖、缸体，未受损的不用更换

（2）无损。发动机正时链条跳齿，但是未造成气门顶活塞损伤，仅造成发动机无法启动。

（3）轻微受损（图9-2-16）。跳齿仅造成气门变形，活塞顶轻微擦伤，此时更换气门及气门密封件即可。若故障原因是链条拉长，则需要同时更换链条。

图9-2-16

（4）中度受损。气门撞击活塞，造成活塞顶受损较严重，且气门变形后又顶伤气缸盖时，会造成气门、活塞、气缸盖同时受损。

（5）重度受损（图9-2-17）。当跳齿导致气门断裂，此时发动机仍在继续运转，断开的气门在气缸内不断被击打，造成缸盖、缸体、活塞、气门严重受损。

图9-2-17

第三节　案例分享

一、保时捷发动机进水免拆后无法着车案例

（1）案件信息（图9-3-1）。

① 案情。保时捷帕纳梅拉涉水行驶后，车辆熄火。

② 故障。

a. 经免拆检查后，发动机数据在标准范围内，建议免拆处理。

b. 维修单位反映车辆无法着车，且缸压不足，需要拆散发动机维修。

③ 思考问题。

a. 免拆检测是否存在错误？

b. 清洗是否完全？

c. 是否有其他原因？

图 9-3-1

（2）案件分析（图9-3-2）。

① 经使用内窥镜检查，发现气缸内还有水。

② 气缸内有水，缸壁缺油，密封性肯定不够，缸压也肯定不够。

③ 经与维修单位沟通，该车没有吊发动机，进气歧管拆不下来，导致没有清理彻底。

④ 为保证此次启动没有造成发动机受损，重新测量数据，数据仍然正常。

⑤ 重新清理后，着车正常。

图 9-3-2

（3）知识拓展。

① 清理发动机时必须把所有进气进水经过的位置、排气排水的位置以及气缸内清理干净，才能正常着车。

② 为保证发动机平稳着车，建议吹干气缸后，向气缸内倒入少量机油并吹散，使用启动机带动润滑数十圈，最后再装上火花塞点火。

二、吉利发动机过热导致缸盖变形案例

（1）案件信息（图9-3-3）。

① 案情。吉利帝豪前部碰撞事故，受损较严重，水箱冷凝器损坏。

② 故障。车辆维修完毕后，着车时发动机冒白烟；检查发现气门室盖有热熔痕迹。

③ 思考问题。

a. 什么原因导致发动机冒烟？

b. 下一步如何检查？

图9-3-3

（2）案件分析（图9-3-4）。

① 冷却系统加压，检查是否能保压、气缸是否有漏水。

② 燃烧室及活塞顶被冷却液冲刷后，明显泛白。

③ 使用缸尺和塞尺测量缸盖平面和缸体平面，使用量缸表测量缸体圆度。

（3）知识拓展。

① 发动机过热的原因有缺冷却液、节温器故障、长时间过载工作。

② 处理方法。按照受损等级进行维修处理。

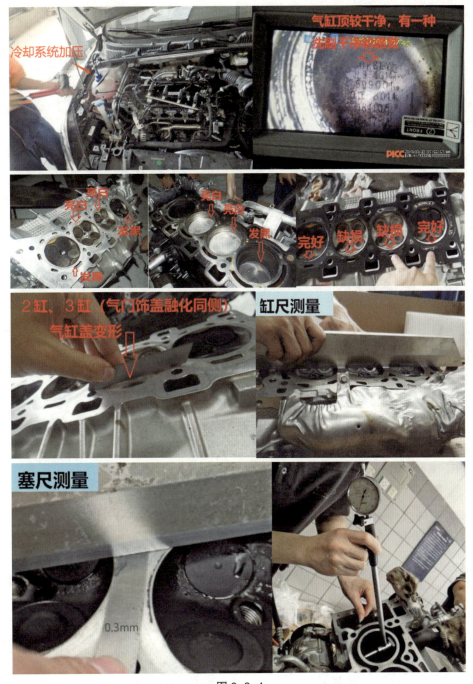

图 9-3-4

三、宝马缺机油润滑导致磨损案例

（1）案件信息（图 9-3-5）。

① 案情。宝马 525Li 行驶中碰撞石头，油底壳、启动机受损。

② 故障。更换油底壳后，出现机油压力过低的故障，维修单位报称需要解体发动机维修。

③ 思考问题。

a. 缺机油后继续行驶能导致发动机故障吗？

b. 缺机油会有哪些故障特征？

图 9-3-5

（2）案件分析。

① 凸轮轴有轻微磨损，不起槽，打磨后可以继续使用。

② 凸轮轴的磨损程度不足导致机油压力不足，经讨论后决定从机油泵着手。

③ 经检查确认是机油泵影响。

（3）知识拓展（图 9-3-6）。

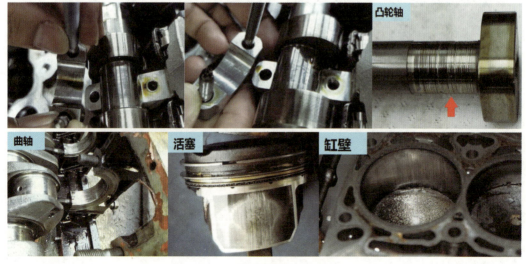

图 9-3-6

① 按照缺机油的检测流程，确认发动机的受损程度。

② 缺机油后，凸轮轴和曲轴是最容易受损的，当存在异常时，需要对其进行检查处理。

四、奔驰涉水导致连杆弯曲案例

（1）案件信息（图9-3-7）。

① 案情。奔驰C级涉水行驶，发动机进水，车辆熄火。

② 故障。空气滤芯浸湿，空气格底座有进水痕迹，曲轴不能转动。

③ 思考问题。

a. 发动机不能转动，能否检查？

b. 损失程度如何？

图9-3-7

（2）案件分析（图9-3-8）。

① 内窥镜检查。使用内窥镜检查各个气缸的情况：积水；积炭；缸壁。

② 免拆检查：1缸8.75，4缸9.66，2缸8.85，3缸8.84，判断为1缸连杆变形。

③ 开盖检查。ⓐ活塞标号；ⓑ高度对比；ⓒ缸壁检查。

④ 拆解检查。ⓐ活塞裙部不规则刮痕，非正常刮擦；ⓑ连杆瓦点状破损，非正常刮擦；ⓒ链条导轨拆装不规范导致破裂；ⓓ机油泵破损，没有对应碰撞的物体。

⑤ 验证。1缸、4缸连杆变形相差2.1mm，与免拆结果不相符；拍照4个活塞顶对比，一缸活塞明显与其他不同，被调包。

（3）知识拓展。

① 拆装前。核实进水情况、案件风险，并使用免拆检查。

② 拆装中。开盖检查标识，对比活塞高度，检查缸壁。

图 9-3-8

③拆解后。排查各配件的受损情况是否合理，是否属于由连杆变形而引起的受损。

五、货车发动机故障导致失控案例

（1）案件信息（图9-3-9）。

①案情。红岩自卸车行驶至下坡路段时，车辆失控碰撞路边石礅。现场有很长的制动痕迹，但车辆仍然因为制动失效发生碰撞。

②故障。维修过程发现发动机内部损坏，连杆打穿缸体。

③思考问题。

a.是先发生碰撞事故，还是发动机先出现故障？

b.需要采集哪些信息？

图9-3-9

（2）案件分析（图9-3-10）。

①缸体破裂口外宽内窄，说明是从里向外打穿。

②曲轴磨损严重，说明发动机润滑不良的情况已存在多时。

③发动机本体外部没有任何撞击痕迹，排除外界撞击导致。

④活塞连杆破碎严重，说明连杆打穿缸体后仍运行一段时间，与车辆长距离的地面拖印相符合。

⑤多个气缸气门顶弯，说明除了连杆断裂还存在正时故障。

⑥综合来说，只存在一种合理原因，发动机长期存在润滑不良故障，连杆运转不顺畅，长时间不正常工作导致连杆断裂，车辆失控，无法刹停车辆，车辆在滑行期间反向带动曲轴

连杆运动，导致活塞连杆损坏严重，同时造成正时故障，顶穿气门。

（3）知识拓展。

① 将所有故障陈列出来，辨别发动机故障的第一原因。

② 将故障与车辆行驶状态结合起来看，辨别事故与故障的先后顺序。

③ 采集能够证明故障原因和事故成因的证据，作为证明依据。

图 9-3-10

六、皇冠行驶中爆缸案例

（1）案件信息（图9-3-11）。

① 案情。丰田皇冠行驶在高速时，突然听到巨大撞击声音，车辆不能行驶。

② 故障。发动机打穿。

③ 思考问题。

a. 是碰撞事故造成发动机打穿还是由于发动机自身故障？

b. 如何证明？

图9-3-11

（2）案件分析（图9-3-12）。

① 痕迹。底盘没有明显严重碰撞痕迹，说明车辆未发生碰撞事故。

② 破裂口。外宽内窄，且连杆断裂，判断是连杆断裂打穿中缸。

③ 积炭。断裂连杆的气缸内积炭严重，说明早已存在故障。

④ 缸壁积炭高度。断裂连杆的缸壁积炭比其他部位厚，说明连杆在事故前已经弯曲。

⑤ 断裂纹。半光滑半粗糙，说明连杆裂纹早已存在，在日常运行中已被打磨光滑。

（3）知识拓展。

① 事故。车辆未发生碰撞事故。

② 故障。发动机从内向外打穿缸体属于发动机内部故障。

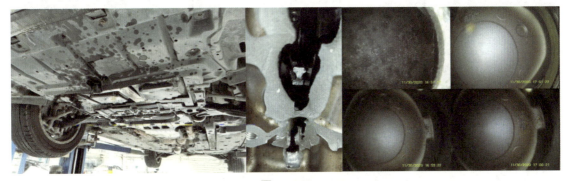

图9-3-12

图 9-3-12（续）

③痕迹。由痕迹可以说明在事故前已经存在明显故障。

④综上所述，可以判断这是属于发动机内部故障，而非发生意外事故。

七、本田翻车机油倒灌案例

（1）案件信息（图 9-3-13）。

①案情。本田凌派发生翻车事故，车辆定损时维修单位提出车辆无法着车。

②故障。经检查曲轴无法转动，节气门有油迹。

③思考问题。

a. 是什么原因导致发动机故障？

b. 发动机故障与碰撞是否相关？

图 9-3-13

（2）案件分析（图 9-3-14）。

①内窥镜检查。气缸内有大量机油，说明存在机油倒灌的情形。

② 机油倒灌路径。油底壳→气缸盖→呼吸管→进气管道→气缸。

③ 测量连杆长度。判断是连杆弯曲变形。

（3）知识拓展。

① 车辆翻车后，发动机仍在运转，机油从呼吸管被倒吸进气缸内，最后导致连杆被顶弯。

② 故障节点。

a. 翻车后发动机未熄火。

b. 车辆上拖车时被人为点火。

c. 维修期间被人为点火。

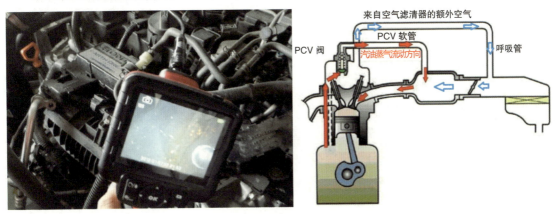

来自空气滤清器的额外空气

PCV 软管

PCV 阀

呼吸管

汽油蒸气流动方向

图 9-3-14

八、雪佛兰气门调包案例

（1）案件信息（图 9-3-15）。

① 案情。雪佛兰迈锐宝涉水行驶，发动机进水，车厢进水。

② 故障。

a. 无明显水位线，从拆解状态看是 2 级水淹。

b. 发动机进水，免拆检测显示第 3 缸连杆轻微变形。

c. 气门弯曲变形。

③ 思考问题。

图 9-3-15

图 9-3-15（续）

a. 发动机进水会不会造成连杆变形？

b. 需要采集哪些信息？

（2）案件分析（图 9-3-16）。

① 发动机进水不会造成气门弯曲。

② 气门弯曲，但与活塞顶没有任何碰撞痕迹。

③ 缸盖变形处与气缸垫及缸壁接触，只有缸盖变形，相连的位置不变形是不可能的。

（3）知识拓展。

① 记住发动机进水的 4 个等级。

② 发动机内部损坏都是有关联性的。

图 9-3-16

图 9-3-16（续）

第四节　思考与分析

（1）发动机免拆工具的数显千分尺的准确度是（　　）

A. 1mm　　　　　　B. 0.1mm　　　　　　C. 0.01mm　　　　　　D. 0.001mm

（2）发动机免拆工具的数显千分尺的最大测量距离是（　　）

A. 25mm　　　　　　B. 26mm　　　　　　C. 27mm　　　　　　D. 28mm

（3）定损员使用免拆工具测量的一组数据是 27.25、27.25、27.25、27.25，数值一致，判断连杆没有变形。（　　）

（4）定损员使用免拆装工具测量的一组数据是 10.89，10.85，10.84，11.10，第 4 缸数据异常，判断第 4 缸连杆变形。（　　）

（5）曲轴无法转动，对一个奔驰 C 级的 4 缸发动机进行同步缸检测，定损员测量的同步缸数据是 10.89、18.89、18.93、10.85，同步缸数据显示 1-4，2-3 缸的高度基本相同，安排维修单位清理后尝试打火处理。（　　）

（6）涉水行驶，V6 发动机的曲轴无法转动，需要使用免拆工具测量同步缸高度。假如点火顺序为 152634 或 163524，同步缸可能是哪种情况。（　　）多选

车头	车头	车头	车头
4 —— 1	4 ╳ 1	4 ╳ 1	4 ╳ 1
5 —— 2	5 ╳ 2	5 ╳ 2	5 ╳ 2
6 —— 3	6 ╳ 3	6 ╳ 3	6 ╳ 3
A.	B.	C.	D.

（7）做发动机免拆工具测量前，可以使用内窥镜做到以下哪些步骤。（　　）多选

A. 观察活塞顶积炭情况　　　　　　B. 观察气缸内积水情况

C. 观察气缸壁的受损情况　　　　　D. 观察连杆的弯曲情况

（8）火花塞螺纹的尺寸一般为（　　）。多选

A. 12mm　　　　　　B. 14 mm　　　　　　C. 16mm　　　　　　D. 18mm

（9）转动曲轴时要顺时针转动。（　　）

（10）当检测结果显示在正常范围内的时候，可以安排维修单位做好以下哪些工作。（　　）

A. 清理进气道（中冷器、涡轮增压器等）　　B. 迅速吹干气缸内积水并加入少量机油润滑

C. 清理排气管内的积水　　　　　　　　　　D. 正式着车前，应该对气缸壁进行润滑工作

（11）宝马的部分车型（N20、N55）的火花塞孔是有弧度的，需要拆卸（　　）后，才能进行检测工作。

A. 气门室盖　　　　B. 气缸盖　　　　C. 喷油器　　　　D. 火花塞护套（火花塞安装孔插入件）

（12）定损员使用免拆装工具测量的一组数据是 10.89、10.85、10.84、10.50，第 4 缸数据异常，判断第 4 缸连杆变形。拆装后气门弯曲变形，定损员判断是连杆弯曲导致活塞顶弯气门。（　　）

（13）定损员使用免拆工具检测了一台老款帕萨特，数据显示在允许范围内，但是定损员仍有所担忧，于是他打开车辆的尾箱寻找（　　）。

A. 千斤顶　　　　　　B. 备胎　　　　　　C. 机油　　　　　　D. 危险警告牌

（14）以下哪种痕迹是由于发动机进水造成的。（　　）

A　　　　　　　　　　　　B　　　　　　　　　　　　C

D　　　　　　　　　　　　E

第十章　变速器定损

第一节　变速器构造

一、功能

变速器有三大功能：实现变速（变扭）、倒车、中断动力传递。

二、分类

变速器大致可以分为手动变速器（MT）、手自一体变速器（AMT）、液力自动变速器（AT）、无级变速器（CVT）和双离合变速器（DSG）。

（1）手动变速器（MT）。手动变速器由壳体、换挡机构、齿轮组、输入轴、输出轴、同步器、轴承等组成，如图10-1-1所示。驾驶员通过手动拨动换挡杆改变齿轮的啮合位置，脚踩离合踏板控制离合器开合，从而实现变速器换挡。

（2）手自一体变速器（AMT）。在手动变速器的基本上，增加电控换挡装置、离合器电控装置和控制模块，从而实现变速器自动换挡，如图10-1-2所示。

（3）液力自动变速器（AT）。液力自动变速器主要由壳体、液力变矩器、行星齿轮机械、差速器、电控系统等组成，如图10-1-3所示。液力变矩器取代离合器，电控系统控制液压力，实现变速器换挡。

（4）无级变速器（CVT）。无

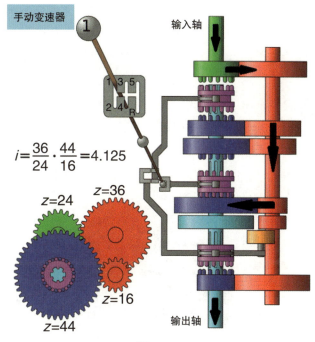

$$i = \frac{36}{24} \cdot \frac{44}{16} = 4.125$$

$z=24$　$z=36$　$z=16$　$z=44$

图 10-1-1

图 10-1-2

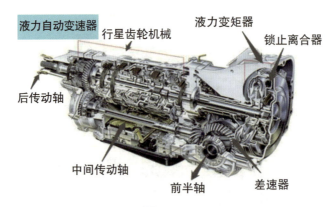

图 10-1-3

级变速器主要由主动轮、从动轮、链条、输入轴、输出轴、双向离合器等组成，如图 10-1-4 所示。通过改变主动轮和从动轮的大小，实现无断开地改变传动比。

（5）双离合变速器（DSG）。双离合变速器是在手自一体变速器的基本上进行改造，将单离合器变成双离合器，两个离合器分别与奇数挡、偶数挡的齿轮组相连，当其中一个离合器和挡位正在工作时，另一组即将工作的齿轮组已提前接合，实现变速器的快速换挡，如图 10-1-5 所示。双离合器又可以分为干式和湿式，其差别在于离合器是否浸泡在油液中。干式双离合器采用风冷模式，其优点是换挡迅速、传动效率高；缺点是容易过热磨损，雨天容易进水生锈，无法承受高扭矩。而湿式双离合器采用油冷模式，刚好弥补了干式的缺点，其散热性能好，能够承受高扭矩，但是由于油液具有阻力，因此也会导致部分功率损失。

（6）思考问题。你会计算图 10-1-1 中齿轮组的转动比吗？

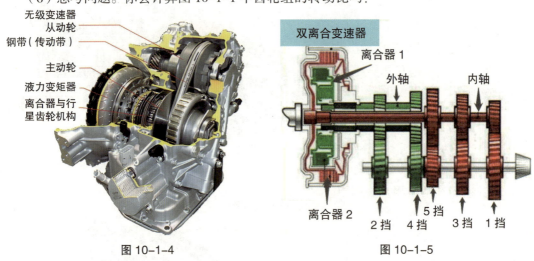

图 10-1-4　　　　　　　　　　图 10-1-5

第二节　变速器定损

一、碰撞

车辆在行驶过程中发生托底事故，容易造成变速器外壳破损。若轻微破损，可以对壳体进行修复处理；若破损严重，则需要对壳体进行更换，如图10-2-1所示。

壳体出现穿裂时，变速器油会发生泄漏，一旦变速器油不够，但车辆仍在继续行驶，将导致变速器内部出现润滑不良、温度过高，造成变速器内部损失扩大。

宝马车型的油底壳使用塑料材料，一旦发生撞击破碎，油底壳的塑料可能被吸进变箱器内部，造成内部损失扩大。

当变速器底部变形或穿裂比较严重时，可能会造成控制阀体或者其他内部组件破损。目前有国家认可的变速器维修公司可以对变速器内部的组件进行单独更换或者修复。

图10-2-1

二、水淹（图10-2-2）

（1）进水检测。变速器具有一定的密封性，但是不能抵挡长时间浸泡，一旦变速器内部进水，水分会导致变速器内部的摩擦片发胀、电机生锈等情况。

判断变速器是否进水，一般是从放油口放一小杯油，观察内部油液状态是否正常。

（2）正常状态。油液的正常颜色为微红或者微绿色，色泽清澈、明亮；使用时间长，也会正常发黑。

（3）油水分离。当油液中进水，且油和水显现分离状态，说明变速器进水后并没有运行过，一般通过更换变速器油即可以解决问题，但需要注意，更换变速器油后需要试车并再次检测变速器油液状态，以保证变速器内部的水分已彻底清理。

（4）混浊。当放出来的油液显现混浊状态，如同牛奶一样时，说明变速器内部进水后运行过，油水混合物已经深入到变速器间隙，简单地更换变速器油无法彻底解决问题，建议由专业的第三方变速器维修公司对变速器进行解体维修。

（5）气泡。放油的过程中由于油液的冲击可能会击起气泡，部分经验不足的定损员会误以为是水泡。判断是气泡还是水泡的依据是水泡沉于底，气泡浮于面。

图 10-2-2

（6）思考问题。水位线到哪里？需要做放油检查吗？

三、进水

（1）进水。干式离合器变速器结构中，双离合器是靠风冷，因此离合器直接与外界相通，如图 10-2-3 所示。有简易的网状透气孔，一旦车辆发生涉水行驶、停放水淹，甚至是洗车都有可能造成双离合器进水。

离合器进水后一般会出现两种后果：第一种是车辆仍然可以行驶，离合器持续高温会将水分迅速蒸发，离合器不会受损；另一种情况是车辆无法行驶，离合器的水分无法蒸发，导致离合器生锈，离合片发胀。

换一种角度看，此款离合器若长期停放在潮湿的地方，也可能导致离合器进水损坏。

图 10-2-3

（2）处理。干式离合器进水一般显棕褐色，而显灰黑色且有大量粉末说明离合片使用过程中过度磨损，非进水造成。

双离合器又可以分为液力驱动和电机驱动。液力驱动的离合器一般情况下仅离合器受损，而电机驱动的离合器还可能造成电机、拨叉、分离轴承、控制单元等损坏，如图 10-2-4 所示。

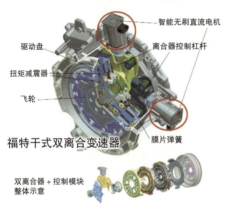

智能无刷直流电机

驱动盘
离合器控制杠杆
扭矩减震器
飞轮

福特干式双离合变速器

膜片弹簧

双离合器＋控制模块
整体示意

DSG三大核心部件
●双离合器模块
●传动轴齿轮箱
●机电控制模块

大众干式双离合变速器

变速器壳

图 10-2-4

（3）提问。

① 如何分辨干式、湿式双离合器？

② 如何确认双离合器是否进水？

第三节　案例分享

一、瑞纳碰撞后挂不了挡案例

（1）案件信息（图10-3-1）。

图 10-3-1

① 案情。瑞纳碰撞左前角，前杠、大灯受损。

② 故障。维修过程中发现挡位一直显示 D 挡，怎么换挡也没用，报损拆解维修变速器。

③ 思考问题。

① 该车型是手动变速器还是自动变速器？

② 该车型是机械拉线还是电子换挡？

③ 变速器、换挡机构、插挡杆哪里有问题？

（2）案件分析（图 10-3-2）。

① 该车型是自动挡，使用机械拉线换挡。

② 试车确实存在换挡后，仪表一直是 D 挡的现象。

③ 变速器、换挡机构、拉线、换挡杆中，最有可能损坏的是拉线。

④ 经检查后发现拉线松脱。

（3）知识拓展。

① 低端车型和老款车型一般使用机械拉线换挡。

② 从变速器到手挡杆逐段排查故障点。

③ 如果是电子挡位，即需要结合换挡时数据流来判断是哪个部件故障。

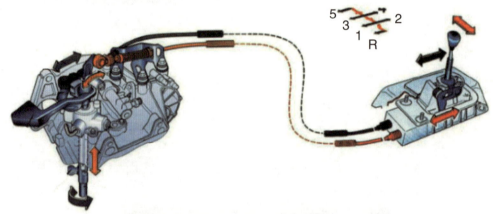

图 10-3-2

二、宝骏碰撞后出现离合器故障案例

（1）案件信息（图10-3-3）。

① 案情。宝骏行驶不慎碰撞中间绿化带，造成车辆左前车头严重受损，左前悬架变形、半轴也刮伤。

② 故障。维修过程中发现变速器存在"离合器电机驱动回路过热"故障，提出需要解体更换离合器电机。

③ 思考问题。

a. 本次碰撞事故未撞出变速器，变速器故障与碰撞事故的关联性？

b. "电机过热"的原因是什么？

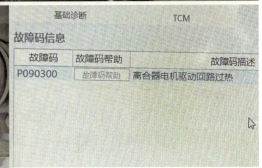

图 10-3-3

（2）案件分析（图10-3-4）。

① 事故未碰撞到变速器。

② 经检查确认，该车辆使用的是干式双离合变速器，离合器由电机驱动。

③ 解体电机，确认内部存在大量粉末，磨损过度导致摩擦力增大，散热不良，出现电机过热故障。

（3）知识拓展。

① 分析故障原因，并对碰撞关联性进行分析。

② 变速器在使用多年后，或多或少都会出现一些通病问题，如干式双离合器过度磨损或

者进水生锈、大众 DQ200 阀体故障、日产 CVT 链条松动或者断裂、卡罗拉 CVT 吹哨异响、双离合器换挡顿挫等。

③ 通过上网搜索故障根据，与拆解后的变速器进行对比，判断是否属于通病问题。

图 10-3-4

三、双离合器水淹包干案例

（1）案件信息（图 10-3-5）。

① 案情。特大暴雨或者台风，可能使短时间内大批量的车辆同时遭受水淹，这个时候处理水淹车的首选方法是包干修复，损失的车辆中肯定有一些是装有干式双离合器的，这部分车辆可能以离合器价格比例录入损失中，因此这部分车辆的包干金额会有所提高。

② 故障。当水位线超过 3 级时，都有可能导致干式双离合器进水。

③ 思考问题。

a. 如何确认该车型是否为干式双离合器车型？

b. 是否所有情况都必须录入该损失。

汽车服务有限公司					
报案号	车牌	车型	水位	金额	
2023441900S0	U4	起亚K4	地毯	00	发动机大修
2023430500S0	05	帝豪	座椅垫2	00	
2023441900S0	G0	荣威	座椅垫2	00	
2023440300S0	30	吉利星瑞	座椅中间3	00	双离合
2023441900S0	22	纳智捷	座椅垫2	00	
2023441900S0	Q7	英菲尼迪	座椅中间3	000	
2023441900S0	11	卡罗拉	座椅垫2.5	00	
以上共7台　　元含施救费包干。					

图 10-3-5

（2）案件分析（图 10-3-6）。

① 可以借助"汽修宝"等软件，免费查询车辆配置，DCT、DSG 都是双离合器的，但是

这样无法分清是干式还是湿式，可以点进"配件详情"，这样就可以明确是"7挡湿式双离合器"，湿式双离合器不易进水，无须录入损失。

②建议结合水位深度，如1级无损，2级录入20%，3级录入50%，4级录入80%，5级以上录入全部。

（3）知识拓展。

①大灾前应该联系好专业外修公司，对双离合器进行批量维修。

②应该根据水位深度比例录入损失。

③双离合器主要受损的是离合器内部的离合片，切勿将所有内部项目全部录入。

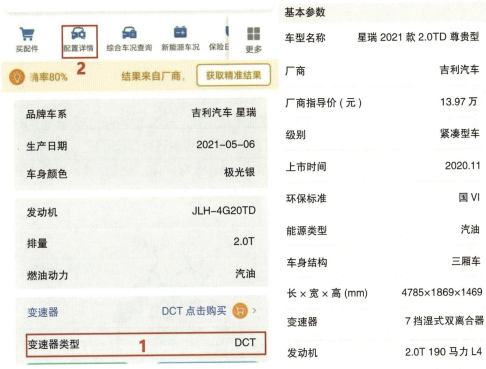

图 10-3-6

第十一章　车身定损

第一节　车身钣金件分类

一、按材料分类（图11-1-1）

可以分为塑料件、金属件、其他材料件。

塑料件一般有前保险杠、后保险杠、中网、格栅、车牌板等。塑料件的修复较为容易，一般采用热熔焊接即可。

金属件一般有前盖、前翼子板、车门、后翼子板、尾门、车顶、门框外板、车身框架等。金属件还可以分为铁件和铝件，铁件耐高温且延展性好，一般比较容易修复，铝件的耐高温和延展性较差，修复时需要控制温度，一般需要使用铝焊机进行焊接修复。

其他材料件如玻璃等，一般覆盖在前挡、后挡、天窗位置。轻微的玻璃裂纹或者破点可以使用专用的玻璃修复液进行修复，严重破裂则需要更换。

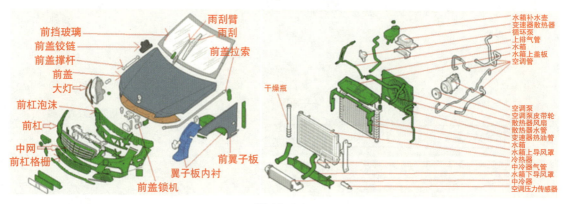

图 11-1-1

二、按结构分类

可以分为覆盖件和结构件，如图11-1-2所示。

覆盖件一般有前保险杠、前盖、前翼子板、车门、后翼子板、尾门、后保险杠、车顶外板、门框外板等。覆盖件是碰撞事故中最先损坏的项目，同时覆盖件仅仅是车身的外观装饰件，修复的要求是保证基本的外观良好和基本的连接牢固。

结构件一般有前杠内骨、前大梁、前减震座、前防火墙、门框内骨、车顶内骨、车底框架、后轮罩、尾箱底板框架。结构件多采用高强度钢或者铝件制造，材料刚性大，修复难度较大，轻微变形可以通过钣金修复。

车身结构件

图 11-1-2

思考问题。请口述丰田卡罗拉碰撞挤压到电子扇并触发气囊，有哪些项目可能需要更换？

第二节　维修工艺

一、大灯修复（图 11-2-1）

大灯的价值很高，而且是车辆最常见的碰撞位置，因此大灯的修换极大影响到保险的赔付成本。以下提供奥迪大灯销售价和车身价的占比（数据来自 2019 年）。

（1）大灯价格见表 11-2-1。

大灯修复
图 11-2-1

表 11-2-1

车型	大灯价格（灯壳，不含大灯控制单元）	车身价	大灯（2 个）占比整车
A3	22 990 元	19.23~25.80 万元	约 22.9%
A4	31 670 元	29.28~40.98 万元	约 21.1%
A6	37 908 元	40.60~69.80 万元	约 16.8%
A8	62 522~98 233 元	87.98~256.80 万元	约 14.5%
Q3	28 471 元	23.42~34.28 万元	约 22.7%
Q5	43 924 元	39.96~51.92 万元	约 21.9%
Q7	48 483 元	75.38~104.88 万元	约 12.1%

（2）灯面刮损。灯面轻微刮损，可以使用抛光除去刮痕；刮痕较深，可以使用同类物质填补灯面，如图 11-2-2 所示。

（3）灯脚断裂。大灯灯脚在挤压过程中容易断裂，其维修工艺并不复杂，对断裂灯脚进行重新焊接及喷上油漆即可，如图 11-2-3 所示。

（4）后壳穿裂。大灯在挤压过程中，后壳的薄弱处容易破损，维修方法与灯脚一样，对破裂位置进行焊接及重新喷上油漆，如图 11-2-4 所示。

（5）水晶脚断裂。水晶脚断裂的维修工艺比普通灯脚稍难一些，一般情况下，水晶脚在

图 11-2-2

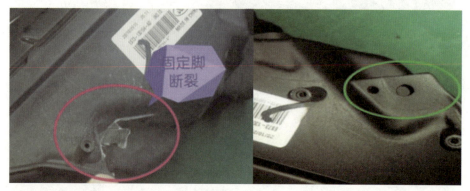

图 11-2-3

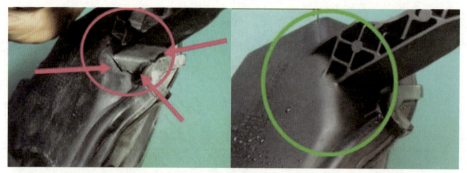

图 11-2-4

碰撞后容易缺失或者破碎严重，因此水晶脚的维修需要切割其他完好的灯脚或者打磨同形状的灯脚，再进行黏结，为保证水晶脚黏结处的美观，需要对断脚进行平整切除和使用高品质的黏结剂进行黏结，如图 11-2-5 所示。

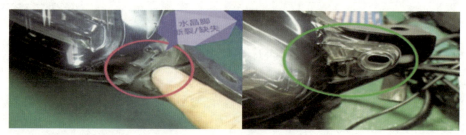

图 11-2-5

（6）厂家灯脚修包。部分厂家如奔驰，在大灯灯脚处预留安装孔，当大灯因碰撞断脚时，需订购灯脚修包进行维修，如图 11-2-6 所示。

图 11-2-6

二、保险杠维修

保险杠一般使用塑料制造，碰撞挤压容易造成开裂，对于开口的一般维修方法是：焊针焊接→磨去焊脚→打磨平整→抹泥子→安装调整→喷漆。经过一系统的维修工艺后，可以使保险杠的牢固性和美观都得到保证（图 11-2-7）。

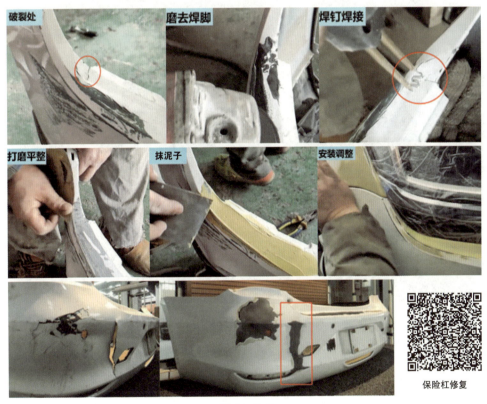

保险杠修复

图 11-2-7

三、车门维修

侧面碰撞一般会造成车门凹陷变形，当车门变形较严重时，需要把车门拆解，分别从外面和里面对变形处进行敲打，使其恢复原来形状，如图 11-2-8 所示。

图 11-2-8

四、后叶子板皱褶变形维修（图 11-2-9）

对于车身上的结构件和焊接件，一般建议维修处理，切割后翼子板、门柱外板、门柱内骨等，会造成车辆严重贬值，同时维修单位的维修工艺也无法达到出厂时的强度水平。

金属件维修

图 11-2-9

五、钢圈维修

几乎所有的钢圈，如拉丝钢圈、电镀都属于可以维修的钢圈，如图 11-2-10 所示。

六、铝件维修

对于车身铝件，在碰撞变形较大的情况下容易破裂，由于铝件在高温下容易熔化，因此铝件的维修和焊接需要格外注意温度的控制，使用铝焊机能有效保证铝件的焊接质量，如图 11-2-11 所示。

修复前　　　　　　修复后

拉丝钢圈修复

电镀前　　　　　　电镀后

电镀钢圈修复

图 11-2-10

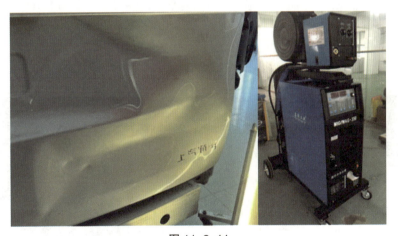

图 11-2-11

（1）无喷漆精修。近年来，由于更多的车主了解到原厂车漆和原厂出厂件的优越性，因此他们会选择尽量不喷漆、不切割的维修方法，以减少对车辆的伤害。如图 11-2-12 所示，精修店使用精修工艺对变形的车门进行修复，修复后车门基本达到完好的外观。精修工艺可以减少喷漆的工时，减少因切割等有伤车身维修方法的损害，以最少的代价将车辆恢复回原样。

（2）喷漆。车身面漆一般分为普通漆、金属漆、珠光漆。

普通漆的主要成分是颜料、树脂和添加剂。金属漆多了铝粉，使漆面更加光亮。珠光漆加入云母粒，云母粒是片状的小颗粒，在不同的光照角度下，漆面反射出不同的颜色。在定

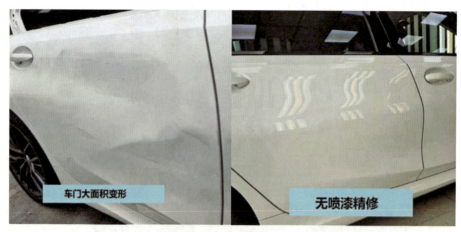

图 11-2-12

损过程中，普通漆与金属漆按市场标价赔付即可，珠光漆可以在普通漆的基础上上调50%的喷漆价格。

（3）维修喷漆的一般步骤见表11-2-2和图11-2-13。

表 11-2-2

喷漆工艺	作用
环氧底漆	厂家流程叫电泳底漆，作用是防锈，提高附着力
钣金泥子	厂家生产流程没有钣金泥子，作用是填补洞眼和纹路
中涂底漆	又称双组分底漆，作用是提高附着力
色漆	喷涂车体颜色
清漆	提高光泽和形成保护层

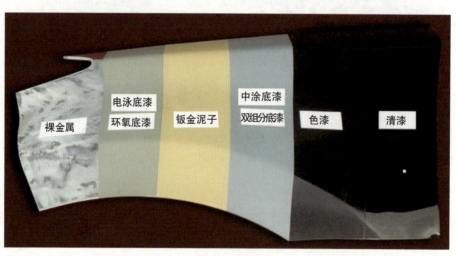

图 11-2-13

（4）思考问题。说说钣金件喷漆的5个步骤，在厂家环节少了哪个步骤？

第三节 碰撞分析

一、相对碰撞

（1）碰撞区域（图11-3-1）。

对于一台事故车，直接撞击是哪个区域，与其相邻是哪个区域，撞击向里延伸是哪个区域，撞不到的是哪些区域，这些都是我们应该掌握的。对于哪个地方应该损坏，哪个地方不应该损坏，一切应该了然于胸。

（2）直接碰撞区。两者相互挤压，零件一般显现挤压损坏。

（3）高风险区。高风险区也是高价值区，需要对该区域的损失进行采证和分析。存在因拉伸、挤压而受损的情况，也存在人为扩损的情况。

高度校验。是否存在两个高度区域。

对于追尾事故，车牌以下的位置一般低于前车的后保险杠，此区域的零件一般不会挤压损坏。

（4）安全区域。由于此区域较低，且属于前保险杠两侧的位置，保险杠为圆弧形，因此该区域上的零件相对安全。

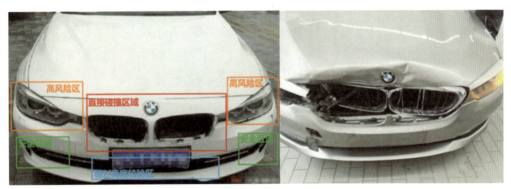

图11-3-1

二、高度

（1）相对高度。碰撞痕迹必须保持高度一致。对于新能源动力电池磕碰石头的事故，必须测量电池距离地面的高度和石头的高度，如图11-3-2所示。

（2）痕迹高度。车身上分散的痕迹应该能保持高度一致。对于高度不一致的痕迹，需要核实是否存在第二碰撞点，如图11-3-3所示。

（3）思考问题。碰撞区域的意义在于，我们在首次定损时，对损失或者可能损失已经系统做了区域预测，如图11-3-3所示的银色宝马，你认为碰撞区域如何划分？

图 11-3-2

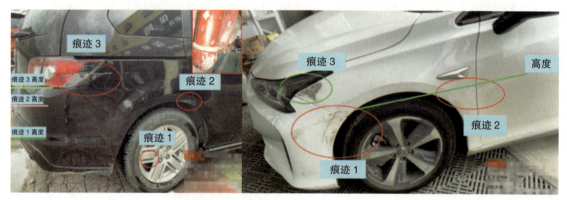

图 11-3-3

第四节　痕迹特征

一、痕迹的造型

两个物体发生碰撞挤压，变形一方所形成的痕迹造型必须与碰撞物的外形一致，如图 11-4-1 所示，小鹏 P7 倒车碰撞方形石柱，在车尾形成一个竖向方向的痕迹。如图 11-4-1 所示，A 车右前与 B 车右尾发生碰撞，但是 A 车头光滑圆弧的造型，与 B 车尾显现尖角凹陷的造型不一致，判断两车碰撞痕迹不相符合。

图 11-4-1

图 11-4-1（续）

（1）痕迹的粗糙度。车辆发生碰撞后会在车体外留下受损痕迹，而痕迹会因为碰撞物粗糙度不同呈现不同的特征，如图 11-4-2 中黑车痕迹光滑细腻，可以判断是两车碰撞的痕迹，而白车的痕迹尖锐粗糙，可以判断是跟墙角之类的物体发生碰撞。

在实操当中，两车碰撞是最多发的事故，我们必须了解两车碰撞所产生的痕迹特征为较大面积的圆滑的凹陷变形，其次石柱和墙角也常见的碰撞物，我们也必须掌握与其碰撞后会留下的痕迹特点。

图 11-4-2

（2）痕迹的颜色。车辆在碰撞过程中会粘上碰撞物上的色彩，如对方车身上的颜色、墙体的灰色、轮胎的黑色、消防栓的红色、隔离柱的黄黑色等，这些都是应该符合常规的颜色，如图 11-4-3 所示。

（3）痕迹的新旧。新鲜碰撞的痕迹一般情况下色泽光亮鲜艳，而老旧的痕迹则灰暗陈旧，痕迹的新旧是我们判断事故真实性和分辨零件是否为本次事故损坏的重要依据。但是，一些

图 11-4-3

别有用心的维修单位也会想尽办法去修改痕迹，让受损痕迹看起来更加合理。

如图 11-4-4 所示：小鹏 P7 报案称涉水电池磕碰撞石头，但是举起车辆后，可以看到痕迹裂口氧化严重，非常陈旧，白天车门擦痕被灰尘覆盖在上面，可判断是旧损；长安车大灯裂口边缘有泥水渗入的痕迹，可以判断大灯破裂已经有相当一段时间；途锐日行灯发黄，是

图 11-4-4

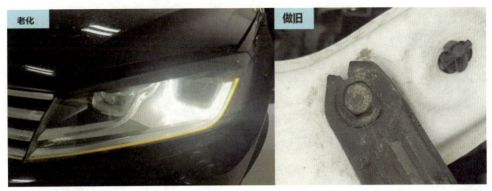

图 11-4-4（续）

导光体老化所致；另外，我们也需要注意痕迹做旧的行为，如大灯灯脚处被人为使用泥沙覆盖做旧。

（4）痕迹的重叠。车辆的碰撞事故一般来说是一次性的接触碰撞事故，因此所产生的痕迹也应该是一次性的接触特征，当痕迹上呈现交叉重叠点，即可能是二次碰撞或者后期加工的结果。

如图 11-4-5 所示，红色宝马车尾的痕迹可以分解成一个竖直破裂和一个斜向凹陷的痕迹，而黑车左前大灯则是多次人工反复刮擦形成的多重交叉痕迹。

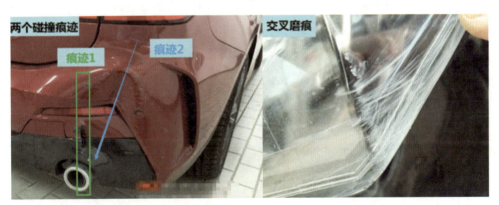

图 11-4-5

（5）痕迹的走向。两个相对运动的物体发生碰撞时，所留下的碰撞痕迹走向必须与车辆的行驶轨迹一致。如图 11-4-6 所示，长安车与铲车发生碰撞，报案记录是长安车追尾铲车，但是经过对痕迹的分析，长安车前盖上的痕迹是斜向的，与长安车直行向前和轨迹不符合，反而是跟铲车的行车方向一致，因此判断是铲车倒车碰撞停放的长安车。

我们再看另外一辆长安车追尾一辆面包车，长安车是直行向前，而大灯的受损痕迹是横向刮擦，因此判断大灯痕迹非本次事故造成。

（6）思考问题。通过痕迹的造型、粗糙度、颜色、新旧、重叠、走向，并结合碰撞物的特征可以分析出痕迹的合理性，请问轻微碰撞车、碰撞圆柱、碰撞花槽，其痕迹特征分别是怎样的？

图 11-4-6

二、常见零件的损坏分析

（1）保险杠。保险杠常见的扩损位置有保险杠两侧的支架固定位置、与翼子板内衬固定的位置、固定雾灯脚的位置，还有其他用于固定的位置，这些位置为什么特别容易受到特别照顾？因为这些位置都是固定受力点，碰撞受力后断裂看起是相当合理的。

（2）处理方法（图 11-4-7）。

① 张开空间。破裂位置在碰撞过程中是否张开，保险杠只有在张开的情况下才能产生足够的撕裂空间，张开多大就能产生多大的拉裂长度，因此查阅现场照片或者外观受损照片，确认保险杠是否存在展开状态是非常重要的。保险杠两侧固定位置、与翼子板内衬相连位置都是扩损的重灾区。

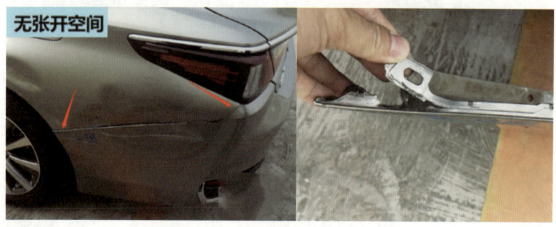

图 11-4-7

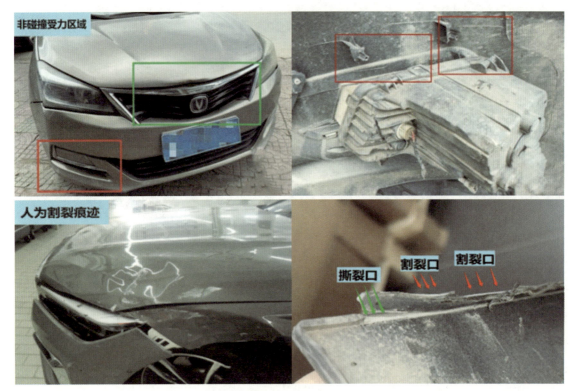

图 11-4-7（续）

　　②受力方向。一般来说，碰撞产生挤压力，而保险杠撕裂却需要两个相反的拉撕作用力，因此保险杠的拉裂是否合理，需要结合该处的受力分析，如雾灯固定脚位置，当没有直接碰撞时，雾灯与雾灯固定脚并不会产生反向的作用，而是一起跟随运动。

　　③裂口痕迹。保险杠的撕裂痕迹应该具有一次性、沿薄弱处、裂口有纹路且粗糙等特征；而人为割裂的痕迹是光滑的、断开的。

　　（3）大灯痕迹。大灯常见的扩损位置有灯罩的隐藏位置，如大灯与中网的接触位置，大灯与保险杠的接触位置，另外大灯灯脚也是常被扩损的位置，特别是大灯底部灯脚，如图11-4-8 所示。

图 11-4-8

图 11-4-8（续）

（4）处理方法。

① 受力方向。如图 11-4-9 所示，宝马左中网未直接撞击，在碰撞过程中只受到向右的拉伸力，左侧大灯不可能存在遭到挤压的情形；如图 11-4-9 所示，当别克大灯灯体受到直接撞击，灯脚应该从后向前断裂，与受力方向相反；反之如果外界拉扯灯脚，灯脚的断裂方向应该与受力方向相同。

② 痕迹复位。如图 11-4-9 所示，宝马大灯灯面与中网接触位置破损，将大灯和接触的零件复位，核对两者痕迹是否重合，复位是破解拆件后扩损的有效方法。如图 11-4-9 所示，将埃安大灯与保险杠复位，核对保险杠位置是否有对应的合理痕迹。

③ 防范措施。做好充足的防范，能有效减少大灯被扩损的概率，现场查勘时贴好封条、定损时当面拆解等都是很好的方法。

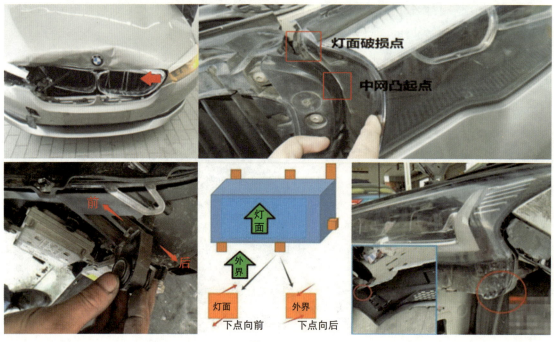

图 11-4-9

三、注意问题

（1）油漆。对于油漆定损，要慎防无碰撞的不合理受损，剔除旧损，识别假扩损等。

（2）无碰撞。保险杠是否松脱，前、后翼子板是扩损的重灾区，若保险杠没有脱落，则不存在刮损叶子板油漆的可能性。

（3）痕迹能否抛光去除。保险杠的材料是塑料，塑料一般不会刮伤油漆，可能只形成较浅的擦痕，可通过抛光去除。

（4）翼子板是否挤压变形。翼子板存在变形情况，需要核实是否与碰撞受力一致。

（5）痕迹是否在合理区域内。分析判断油漆的受损痕迹是否在合理的碰撞区域内，如图11-4-10所示。

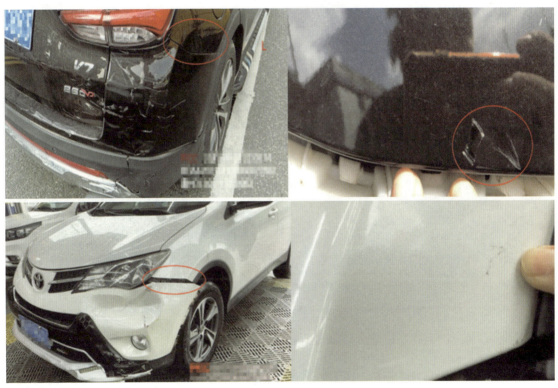

图 11-4-10

（6）旧损。非碰撞区域的油漆，要甄别是否是本次事故造成的，如图11-4-11。

（7）灰尘覆盖痕迹。被灰尘覆盖的痕迹属于旧损。

（8）痕迹较旧。痕迹较旧的，属于旧损。

（9）假扩损。白色、黑色从颜色判断，纯白色或者纯黑色都很有可能是旧损。

真实的扩损，必须是能见底、起粉、起槽，表面的油漆被刮起形成立体的凹槽，如图11-4-12所示。

图 11-4-11

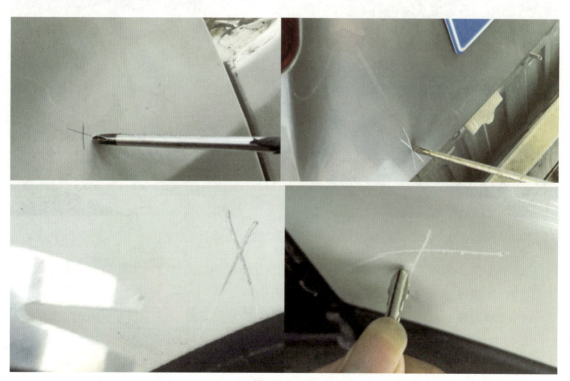

图 11-4-12

第五节　案例分享

一、骐达制造假刮擦痕迹案例

（1）案件信息（图11-5-1）。

① 案情。日产骐达，报案称左侧车身刮墙，左后门及左后翼子板轻微受损。

② 思考问题。车身没有明显凹陷变形，仅油漆刮损；油漆刮损最深处是轮眉与翼子板的交接处。

（2）案件分析。

① 车身不是一个纯平面，是一个有弧度的面，而墙体是一个纯平面，本次刮擦没有在车身凸面处造成最严重的变形或者刮损，反而在接近凹面的地方造成最深的刮损。

② 左后门、左后叶子板处不存在刮擦平面墙体的可能性，仅可能是刮墙角，当车身与墙角发生刮擦时，第一接触点会形成一个垂直的受损起点线，而不是图中不规则起点线。

（3）知识拓展。

① 油漆小案是作假的重灾区。

② 碰撞双方的外观造型是决定碰撞痕迹的关键因素。

图 11-5-1

二、雅阁后翼子板修复案例

（1）案件信息（图11-5-2）。

① 案情。本田雅阁碰撞左后侧，左翼子板及左后保险杠受损。

② 思考问题。4S店建议的维修方案是更换左后翼子板，因为后翼子板修复需要补很厚的泥子，维修质量无法保证。客户担心车辆保值问题，并不愿意切割后翼子板。

（2）案件分析。

① 更换左后翼子板，需要切割整个左后幅外板，拆装后挡玻璃、左后三角玻璃，4S店的

维修工艺无法达到原厂出厂的标准。

②此外，切割左后幅外板会造成车辆贬值。

（3）知识拓展。引入精修或者无痕修复店作为第三方维修单位，可以有效提供外修质量和提高客户的理赔体验。

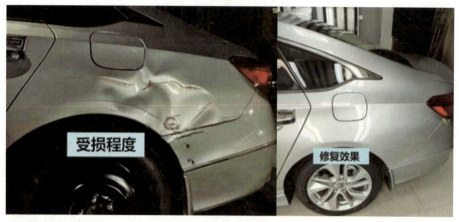

图 11-5-2

三、朗逸大灯修复案例

（1）案件信息（图 11-5-3）。

①案情。大众朗逸发生前部碰撞事故，事故造成大灯灯脚断裂。

②思考问题。

a. 仅大灯灯脚断裂，可以维修，但是客户坚决不同意维修处理。

b. 担心维修后质量和外观不行。

图 11-5-3

（2）案件分析。了解客户的担忧后，我们向客户解释大灯的精修工艺和展示维修过程的照片。

（3）知识拓展。断脚处焊接金属丝加固→再焊接金属网加固→使用黏结力强的胶水进行黏结→打磨焊接处使其恢复原状→喷上相同颜色的油漆。修复效果既保证牢固也兼顾外观，客户最终也认同大灯的维修质量。

四、丰田非碰撞区域受损案例

（1）案件信息（图11-5-4）。

① 案情。丰田锋兰达右前车头碰撞石礅，右前角轻微受损。

② 思考问题。右前部碰撞，但是中下部也有明显碰撞痕迹。

（2）案件分析。

① 直接碰撞区域为右前角位置，轻微碰撞不涉及延伸区域。

② 中下部有直接碰撞痕迹，但是与本次碰撞不符合，剔除中下部损失。

（3）知识拓展。

① 具有碰撞区域的思维，能有效帮我们划分损失。

② 区域思维的基础是我们定损经验的浓缩，是对于损失的预判机制。

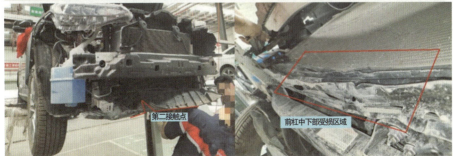

图 11-5-4

五、奔驰中网标痕迹分析案例

（1）案件信息（图11-5-5）。

① 案情。奔驰A45追尾宝马MINI，事故造成奔驰前部、迷你后部现场擦伤。

② 思考问题。ACC 表面无受损，报故障准确吗？

（2）案件分析。

① 碰撞现场照片可见中网标表面灰尘非常完整，受损痕迹被灰尘覆盖。

② 中网标边缘成锯齿状刮痕，与前方光滑的保险杠不相符。

③ 中网标不相符，那么 ACC 安装在中网标后方，也是不相符。

（3）知识拓展。

① 从痕迹分析上来说，符合旧损和粗糙不符合的特征。

② 若需要证明事故是否为摆现场，则需要调取此停车场入口的监控，取证碰撞前的受损情况。

图 11-5-5

六、帝豪一侧车身案例

（1）案件信息（图 11-5-6）。

① 案情。T 字路口，锐志右转弯与直行的吉利发生刮擦。

② 思考问题。两车受损痕迹是否相符合？

（2）案件分析。

① 锐志左前翼子板凹陷造型与帝豪平整车身不相符。

② 帝豪车身连续多个凹陷点，与直行的车辆运动轨迹不相符。

（3）知识拓展。假案的特征：

① 需要覆盖旧痕迹。

② 找贵的配件去撞。

③ 在较少车辆的路段。

本案都符合这些特征。

图 11-5-6

七、宝马 5 系大灯鉴定案例

（1）案件信息。

① 案情。宝马前中部发生碰撞，中网位置受到撞击，是否会因为挤压造成两边大灯受损？

② 右前大灯 A 点破损，左前大灯 B 点和 C 点破损，均是与中网支架接触位置，如图 11-5-7 所示。

（2）案件分析（图 11-5-8）。

① 碰撞瞬间中网支架受力向后运动，而左前大灯没有直接撞击，根据力的相互作用，相对于中网支架来说，应该是向前运动；中网支架的受损痕迹是向后堆积，是从前向后的受力过程，而本案中，中网支架受到大灯的作用力应该是向前，所产生的痕迹堆积也是应该向前的，因此，判断中网支架上的痕迹不符合碰撞原理。

② 中网支架与左前大灯的接触位置没有对应受损痕迹，不符合碰撞原理。

图 11-5-7

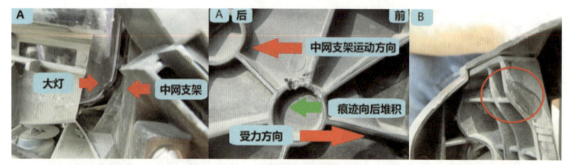

图 11-5-8

八、宝马 3 系大灯鉴定案例

（1）案件信息。

① 案情。宝马 3 系左前角与阿尔法 - 罗密欧右后角发生碰撞，宝马左前杠、左前大灯刮损，如图 11-5-9 所示。

② 思考问题。大灯灯面没有破裂，反而是下部位置破裂，合理吗？

图 11-5-9

（2）案件分析（图 11-5-10）。

① A 点在大灯前部下侧，挂靠保险杠的固定脚位。当发生碰撞时，固定脚受到保险杠向下的拉力，会使用固定脚下拉破裂，而实际痕迹是上托破裂，两者不符合。

② 灯壳下面两固定脚断裂。断裂口均是右侧拉开；当大灯受力向右后方移动时，固定脚与大灯支架连接，受到反向拉力，因此固定脚的裂口应该出现在右侧，与实际痕迹不符合；大灯移位造成固定脚拉裂的前提是大灯的过量移位，必须全部灯脚都有移位的痕迹。

③ 总结。经鉴定，判断大灯前部固定脚位与碰撞不符合，判断是人为扩损。

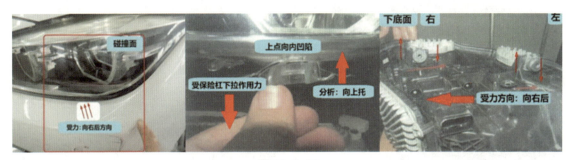

图 11-5-10

九、奔驰大灯扩损案例

（1）案件信息（图 11-5-11）。

① 案情。奔驰右侧车身碰撞护栏，右前侧车身轻微刮擦受损，如图 11-5-11 所示。

② 思考问题。右前保险杠受损轻微，大灯隐藏处破裂，存在扩损风险吗?

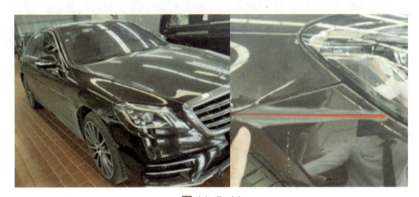

图 11-5-11

（2）案件分析。

① 保险杠与大灯破损点相距 3cm 距离，即保险杠需要凹陷超过 3cm 才能挤压到大灯。

② 保险杠表面受损痕迹平整，未见明显凹陷变形痕迹。

（3）知识拓展（图 11-5-12）。

① 大灯扩损经常发生在隐蔽位置。

图 11-5-12

②需要复位与其接触的保险杠的位置。

③需要还原挤压接触所需要达到的条件。

十、宝马灯光变色案例

（1）案件信息（图11-5-13）。

①案情。宝马与本田SUV发生碰撞，宝马左前杠、左前大灯轻微擦伤。

②思考问题。大灯灯面未破损，灯光为何不正常？灯光变色是什么原理？

图11-5-13

（2）案件分析（图11-5-14）。

①受损原因，大灯其中一个灯珠损坏。

②灯光都是由三原色组合而成，坏了一色可导致变色。

③大灯灯面没有破损，基本排除挤压到内部灯珠的可能性。

④现场照片中可见左前日行灯是正常发出黄光。

（3）知识拓展。

①日行灯发黄是普遍的现象，有可能是灯珠老化、导光线发黄等原因。

②老化是可以判断出来的，找到老化点即可证明是老化造成，而非碰撞造成。

图11-5-14